GUILHERME ALE

CONVERSAS ACOLHEDORAS

A VIDA NÃO É UMA LINHA RETA

CONVERSAS ACOLHEDORAS — A VIDA NÃO É UMA LINHA RETA

Categoria: Auto ajuda

Primeira edição – 2021

Autor: Guilherme Alf

Projeto Gráfico e editorial: Yesbooks Editora

Coordenação editorial: Filipe Mouzinho

Desenhos: Pablito Aguiar

Capa: Amanda Takassiki

Divulgação e lançamento: Insperiência @insperiencia insperiencia.com.br

Dados Internacionais de Catalogação na Publicação (CIP)
(eDOC BRASIL, Belo Horizonte/MG)

Alf, Guilherme.
A384c Conversas acolhedoras: a vida não é uma linha reta / Guilherme Alf. – Bragança Paulista, SP: Yesbooks, 2021.
160 p. : il. ; 20 x 20 cm

ISBN 978-65-996163-6-5

1. Amor. 2. Luto – Aspectos psicológicos. 3. Perda 4. Técnicas de autoajuda. I. Título.

CDD 155.937

Elaborado por Maurício Amormino Júnior – CRB6/2422

DEDICADO, COM TODO O MEU AMOR, À

MINHA MÃE ALICE,

QUE FOI UMA GRANDE PARCEIRA NOS NOSSOS 39 ANOS JUNTOS.

AGRADECIMENTOS

Aos meus irmãos Ana Clara e Gustavo, por serem em cada momento, o ombro para chorar, o abraço para acolher e a mão para levantar.

Às minhas meninas, Fernanda e Nina, por me ajudarem todos os dias a continuar sorrindo.

A toda nossa família; em especial ao meu pai, ao Guigo e Lúcia, por não soltarem a minha mão. Aos meus sobrinhos Gabi, Marina, Stella e João Gabriel, vocês foram incríveis.

Ao Ortiz, Juçara e Léo, por serem a minha segunda família e por me acolherem todos os dias.

Ao tio Ari, tia Quinha, Gringa e toda a família que minha mãe amava tanto. Em especial a todos que fazem parte do "Sobrinhos da Chica".

Ao Dr. Fabiano Ramos, por ter sido um parceiro dedicado, incansável e atencioso nessa difícil jornada. Ao Fabrício Ramos, por ter colocado o Fabiano em nossas vidas.

À Tia Jane, Lia e Noeli, que representam as dezenas de amigas que ela amava tanto. Em especial a todas as amigas professoras.

A todos os meus amigos de Porto Alegre, em especial a Dani (que se tornou uma grande amiga da minha mãe também) e ao Godoy (por ser tão presente em todos os momentos). A todos os meus amigos de São Paulo, em especial Fabi e Everton (pelo acolhimento semanal longe de casa).

À Amanda Takassiki, a Japa, por ser uma mulher forte, carinhosa e leal.

Ao Davi Guilherme, por ser um parceiro engajado em cada passo neste difícil 2021.

Aos estudantes e profissionais de Relações Públicas de todo o Brasil pelo acolhimento. Aos clientes e parceiros profissionais que foram (e estão sendo) muito compreensivos com o meu momento.

Ao time da Insperiência. Ao time da YesBooks. Ao time da Eyxo Lab.

Ao Marco Aurélio Souza e a Debora Tessler, pelas ricas contribuições no texto.

Aos amigos que leram o rascunho.

Ao Pablito Aguiar, que emprestou o seu talentoso traço para dar mais vida a esta história.

Ao TEDx São Paulo, por eternizar a história da minha mãe em vídeo.

A todos que torceram, mandaram boas energias, me acolheram, choraram, me estenderam a mão, me incentivaram, me abraçaram... sem vocês eu não teria conseguido seguir em frente.

Muito obrigado por todo acolhimento!

ANTES DE COMEÇARMOS...

Escrever este livro não partiu de uma ideia ou uma decisão, foi simplesmente uma consequência de como eu venho lidando com o luto após perder a minha mãe, em março de 2021, para a Covid-19.

Compartilhar meus sentimentos tem me ajudado muito a passar por essa tristeza, encarar a saudade, tentar compreender os motivos e, principalmente, tem sido uma maneira de me conectar com muita gente que, de alguma forma, sente essa dor. Este livro não é só para quem perdeu alguém nesta pandemia ou para alguém que já passou por um processo de luto, este livro é para todos que acreditam que devemos repensar as nossas relações com quem amamos. É um convite à reflexão sobre o amor.

A cada dia que passa, eu vou tendo mais a certeza de que a vida não é uma linha reta e sinto que ainda tenho muito o que aprender. Entre minha mãe testar positivo e falecer foram rápidos e inacreditáveis 17 dias. Escrevendo esta introdução, com os olhos marejados e o coração apertado de saudade, sinto uma vontade enorme de começar te contando um pouco do contexto todo.

Um dia após nossa mãe falecer, meu irmão mais velho, Gustavo, escreveu e publicou um texto em uma rede social que vai ajudar você a entender quem era a Alice Maria Berwanger Bittencourt, ou a Chica, seu apelido de infância.

Confesso a vocês que esse texto do meu irmão mexe muito comigo cada vez que eu o leio. E não bastasse toda a habilidade que ele tem com as palavras, ainda conhece muita gente talentosa e com uma sensibilidade incrível (assim como ele). Foi assim que o Pablito Aguiar transformou o texto que você vai ler no prefácio em uma história em quadrinhos. O traço do Pablito deu vida e ainda mais amor às palavras do meu irmão.

Quando comecei a escrever este livro, entrei em contato com o Pablito para publicar aqui as tirinhas e surgiu uma dúvida "Será que não vai ficar repetitivo?". Fiquei pensando sobre isso. Mas, para que você possa se conectar ainda mais com a história que vou contar durante o livro, não tinha maneira melhor senão inserir os desenhos do Pablito.

Nessa conversa sobre as tirinhas que ele já havia feito para o texto do meu irmão, surgiu a ideia de fazer novos desenhos para inserir neste livro. Por isso, ao fim de cada capítulo você vai poder conhecer um pouco mais de quem era a Alice.

Obrigado, Pablito, por emprestar o seu talento para me ajudar na difícil missão de mostrar quem foi essa pequena grande mulher.

Agora, te convido a pegar uma xícara de chá e começar essa história ouvindo o relato do meu irmão. É sobre o fim, mas também um belo começo para as páginas seguintes.

GUILHERME ALF

PREFÁCIO POR GUSTAVO MINI, MEU IRMÃO

Minha mãe era uma costureira de mão cheia. Vivia às voltas com sua máquina, suas linhas, seus tecidos e seus retalhos. Ajustava roupas, fazia almofadas, inventava fantasias e andava pra cima e pra baixo com uma quantidade obscena de artesanato na bolsa, distribuindo toalhinhas bordadas, saquinhos, bolsinhas e nécessaires para literalmente todo mundo que encontrava; fosse conhecido ou não. Se esbarrasse com a Alice, você não precisaria conhecê-la pra sair com algum presentinho costurado por ela.

Minha mãe adorava viajar. Há alguns anos, quando se aposentou de uma longa e difícil carreira no ensino público, não parava em casa, viajando sozinha, com amigas ou parentes pelo Brasil, pelo mundo, mas sobretudo pelo interior do Rio Grande do Sul. Por ter sido professora de História e Geografia, além de bibliotecária, tinha prazer genuíno em conhecer novos lugares. Mas acho que o que ela amava mesmo era se sentar no sofá dos irmãos, sobrinhos e primos e conversar por horas e horas sobre qualquer assunto – família, livros, filmes, política, novela, Big Brother. Ela tinha, inclusive, um talento irrepreensível pra conversar sobre o nada. A previsão do tempo de hoje ou de amanhã, a cor do céu, o latido do cachorro, o tecido do sofá, “que bonito”, “essa cortina precisa de uns pontos”, “tu tem aí agulha e linha? Eu já arrumo isso agora”.

Minha mãe adorava conversar. Se precisasse, ela conversava por ela e por ti.

Conversava pra quebrar o gelo e pra manter um ambiente frio mais quente. Conversava com adultos e crianças – nossa, como ela adorava conversar com crianças. Falava com quem ela amava e também com quem não gostava muito, embora, nos últimos anos, tenha se dado ao direito de cortar os "sem-noção" que apareciam na sua frente. Demorou uns setenta anos pra ela começar a ser um pouco mais dura com quem não merecia sua gentileza. Conversava pra contar, pra trocar, pra confortar e pra desabafar. Conversava, acima de tudo, pra costurar.

Ontem, perdemos a minha mãe para a Covid. Ela que foi também filha, sobrinha, prima, tia, irmã, dinda, avó, professora, esposa, parceira e amiga, eixo de uma rede imensa de pessoas que sabíamos existir, mas que neste momento difícil emergiu com todo o seu amor e carinho. Uma rede alinhavada pelas viagens e conversas da Alice do interior do Rio Grande do Sul à Europa e aos Estados Unidos. Desde ontem, meus irmãos e eu não paramos de receber mensagens do mais puro amor, resultado dessa costura da minha mãe. Eu sabia mais ou menos que essa rede existia, mas ela ficou mais visível e palpável. Eu a considero o grande legado da minha mãe, a lição mais importante que ela nos deixou.

Em um momento de desagregação da sociedade, mesmo revoltadíssima com os desmandos de um presidente que despreza o que ela mais amava – a vida e o conhecimento –, ela mantinha de forma constante e incansável sua prática cotidiana de se conectar às pessoas. Além de nos conectar uns aos outros pedindo e mandando notícias cruzadas de diferentes famílias e grupos de amigos, mantendo firme a rede que não era sua. E que, agora, fica claro que era tecida pra gente, pra todo mundo que faz parte dela e também pra quem não faz. Ontem, ao lado da cama da UTI, falei pra ela de coração e com convicção: "Mãe, pode ir, porque tu fez tudo que precisava fazer aqui".

A Alice faleceu no final da tarde do dia 22 de março de 2021, depois de quatro dias na UTI, oito dias internada em leito normal e cinco dias isolada em casa por causa da Covid-19. Foi tratada por um incansável e aplicado infectologista, Dr. Fabiano Ramos, que está na linha de frente do combate à pandemia desde o início. Os demais médicos e a equipe de enfermagem que cuidaram dela no Hospital São Lucas da PUC/RS foram impecáveis. Há um ano, a Alice estava se cuidando direitinho, seguindo MESMO todos os protocolos (não aquele falso "seguindo todos os protocolos"). Provavelmente, foi infectada em algum deslize, nas semanas anteriores à bandeira preta em Porto Alegre, quando a nova variante do vírus estava circulando com tudo, após os excessos de aglomeração do verão e do final do ano. Doenças graves e mortes são um fato natural da vida. Negacionismo, omissão e *fake news* não: são escolhas. E escolhas têm consequências. Tivessem as medidas oficiais adequadas sido tomadas no ano passado, talvez, minha mãe hoje estivesse viva. Assim como as mães de muita gente. Apesar de pacífica e agregadora, ela não era boba. Andava indignada com a condução da pandemia no Brasil; especialmente, com o negacionismo do governo e a falta de cuidados das pessoas. Não viveu para expressar aqui essa indignação específica, então eu o faço por ela. Indignar-se com a injustiça social e agir para tentar remediá-la foi outro exemplo que ela nos deixou.

OS DESENHOS DO PABLITO

ALICE
(PELO SEU FILHO GUSTAVO MINI)
POR PABLITO
MINHA MÃE ERA UMA COSTUREIRA DE MÃO CHEIA.
VIVIA `AS VOLTAS COM SUA MÁQUINA, LINHAS E TECIDOS.
TUC TUC TUC
DISTRIBUINDO PRESEN-TES COSTURADOS PARA PRATICAMENTE TODO MUNDO.

MINHA MÃE ADORAVA VIAJAR.
QUANDO SE APOSENTOU DA CARREIRA COMO PROFESSORA, NÃO PARA-VA EM CASA.
VIAJAVA SOZINHA, COM AMIGAS OU PARENTES PELO BRASIL E PELO MUNDO.
DEL MAR
ELA TINHA UM PRAZER GENUÍNO EM CONHECER NOVOS LUGARES.
BERWANG

MAS O QUE ELA AMAVA **MESMO** ERA SENTAR NO SOFÁ DE QUEM A RECEBESSE.
E CONVERSAR POR HORAS E HORAS SOBRE QUALQUER ASSUNTO.
ELA TINHA, INCLUSIVE, UM TALENTO IRREPRE-ENSÍVEL PARA CONVER-SAR SOBRE O **NADA**.
A PREVISÃO DO TEMPO, A COR DO CÉU, O LA-TIDO DO CACHORRO.

PRONTO,
FILHO.

ONTEM PERDEMOS A MINHA MÃE PARA O COVID.
QUE FOI TAMBÉM FILHA, SOBRINHA, PRIMA, TIA, IRMÃ, DINDA, AVÓ, PROFESSORA, ESPOSA, PARCEIRA E AMIGA.
EIXO DE UMA REDE IMENSA DE AFETO QUE ELA TECEU...
...E QUE NESSE MOMENTO DIFÍCIL EMERGIU COM TODO O SEU AMOR E CARINHO.

ONTEM, AO LADO DE UMA CAMA DE UTI...
FALEI PRA ELA DE **CORAÇÃO** E COM **CONVICÇÃO**:
"MÃE, PODE IR.
PORQUE TU FEZ TUDO QUE PRECISAVA FAZER AQUI."
FIM

AGORA ESTAMOS PRONTOS PARA COMEÇAR...

S U M

ÁRIO

MÃE, ESTOU INDO

DIA UM

NESSE DIA EU APRENDI QUE:

ACOLHER É SOBRE AGIR

Era final de tarde, de uma quinta-feira qualquer. Eu nunca poderia imaginar que aquela ligação fosse o começo do fim de uma relação física de trinta e nove anos com a minha mãe. Em um papo de cinco minutos, notei que tossia muito e disse a ela que deveria fazer um teste para a Covid-19. Ao desligar, quase ocupando o papel dela como mãe, liguei para os meus irmãos (que, como ela, moram em Porto Alegre; eu moro em São Paulo) para reforçar sobre a minha preocupação. Lembro-me de dizer aos dois: "A mãe não está bem, ela tem alguma coisa". Um pouco mais tarde, enviei uma mensagem para ela que ficaria marcada para sempre na minha memória:

"Já me organizei e vou para Porto Alegre ficar contigo."
Ela respondeu com um simples e carinhoso emoji de coração.

Ainda na quinta-feira, liguei para o Dr. Fabiano Ramos, meu amigo e chefe de infectologia do Hospital São Lucas da PUC/RS. Essa já devia ser a minha vigésima ligação para ele durante a pandemia, pois o Dr. Fabiano estava na linha de frente do combate ao vírus e sempre me orientou com os casos próximos que presenciei.

Ao descrever o quadro, ele pediu que minha mãe fosse levada ao seu consultório logo cedo, no dia seguinte. Era um sinal de que havia motivo para preocupação. Lembro um pouco do restante daquela noite, mas hoje vejo como a relação entre mãe e filho é diferente de tudo.

Clichês à parte, mãe é mãe.

Essa relação começa de uma forma física diferente. Não à toa, os bebês levam algum tempo para entender que são uma única pessoa e que a mãe não é uma extensão do seu corpo (ou é?). Pode ser que a palavra acolhimento seja a primeira com a qual todos nós tenhamos contato. Afinal de contas, talvez, não exista uma definição melhor para o que uma mãe faz ao nos carregar durante nove meses.

Voltando aos fatos, no sábado, eu partiria para uma viagem a trabalho para Bonito, no Mato Grosso do Sul. Sempre fui muito ligado à minha vida profissional, tenho uma paixão pelo que faço. Tanto que, muitas vezes, passo do ponto. Mas, naquele momento, eu não cogitei, nem por um minuto, fazer algo diferente do que simplesmente avisar: "Minha mãe não está bem e amanhã vou para Porto Alegre cuidar dela".

Na sexta-feira, por volta de nove horas da manhã, veio a ligação da minha irmã com a notícia de que o quadro era, sim, de Covid-19 e o teste PCR feito naquele momento era só "para garantir", pois as medidas de isolamento já tinham começado. Lembro-me de sentar na cama e chorar muito, pois fiquei assustado.

Meus sogros, que moram em Porto Alegre, estavam em São Paulo nos visitando. Aliás, na verdade, visitando a grande estrela da família: minha filha Nina. Ela nasceu em junho de 2020. Eles visitavam também o meu cunhado, que é jogador de futebol. E que, por uma coincidência da vida, joga em um time que fica a cem quilômetros de São Paulo.

Entre meus irmãos e eu, somos três, e eu era o único que já tinha tido Covid, então era a melhor pessoa para ficar com nossa mãe durante o isolamento. Surgiu a ideia de ficarmos na casa dos meus sogros, por ela ser ampla, assim poderíamos ter um pouco mais de conforto e segurança para a quarentena.

Enxuguei as lágrimas, respirei fundo, me enchi de coragem e fui para o aeroporto. Minhas meninas (Fê – minha esposa – e Nina – minha filha) me levaram. Ao chegar ao aeroporto, desci do carro, dei a volta e entrei no banco de trás para dar um beijo na Nina. Foi naquele momento que fiz algo de que me arrependo profundamente, e gerou uma culpa que vou carregar por toda a minha vida. Olhei para a Nina e disse:

"Eu te prometo que você vai ver a vovó de novo, fica tranquila. Vocês ainda vão brincar muito".

(Eu não cumpri a promessa.)

UM POUCO MAIS SOBRE A MINHA MÃE

ACHO QUE SE VOCÊ DIGITAR NO GOOGLE "ALGUÉM GENTE BOA",
VAI APARECER UMA FOTO DA MINHA MÃE.
ELA FOI UMA MULHER DE MUITOS SORRISOS,
EMBORA TENHA PASSADO POR DORES QUE A FIZERAM
UMA BAIXINHA MUITO FORTE. ELA ERA A PESSOA MAIS ACOLHEDORA
E AGREGADORA QUE EU CONHECI EM TODA A MINHA VIDA.

VOCÊ IRIA ADORAR CONHECÊ-LA.

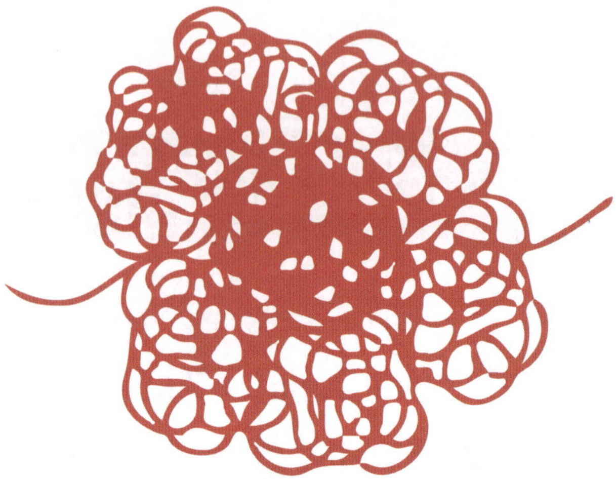

SORVETE DE PASSAS AO RUM

DIA DOIS

NESSE DIA EU APRENDI QUE:

ACOLHER É SOBRE PEQUENAS COISAS

Cheguei a Porto Alegre e fui direto para a casa dos meus sogros, onde minha mãe já me esperava. Lembro-me de chegar e ficar aliviado, pois ela estava com uma aparência muito boa. Passei o fim do dia sentado em uma escada; enquanto ela, deitada na cama, com a porta do quarto aberta (o que nos garantia um bom distanciamento – além de nós dois estarmos de máscara), colocava o papo em dia. E como gostava de uma conversa! Acho que puxei isso dela. Falamos de tudo, e em momento algum ela demonstrou qualquer sinal de que eu deveria me preocupar. Mas isso não foi suficiente para que eu, sem contar para ela, colocasse meu despertador para tocar de duas em duas horas durante toda a madrugada. A cada toque, eu me levantava, ia até a porta do quarto dela, me certificava de que estava tudo bem e voltava a dormir.

Minha irmã tinha ido ao supermercado e feito compras para que a gente pudesse passar os primeiros dias. Eu reclamei sobre um sorvete de passas ao rum. Esse sabor é sacanagem, mas minha irmã me disse que esse era o de que a nossa mãe mais gostava. E você sabe como é: nesses momentos, a vontade de quem está doente é sempre mais importante que o senso comum (que nos diz que sorvete bom é sorvete de chocolate). Por cinco dias, comandei a cozinha, me esforçando não só para agradar a minha mãe; como também para mostrar as habilidades culinárias que eu havia desenvolvido durante a quarentena.

O final de semana foi de muitas visitas, sempre com todos os cuidados necessários.
Os filhos, sobrinhos e meu pai foram nos visitar.

Eles ficavam no jardim da casa, enquanto minha mãe ficava na janela do quarto fazendo aquilo que ela mais gostava: **conversar.**

Como uma boa família de gaúchos, no domingo, meu irmão levou um churrasco pra gente. Organizei uma mesa bem afastada para que pudéssemos ter um almoço tradicional de família, mesmo que fôssemos apenas nós dois. Entre as refeições, conversas e algumas cochiladas (que ela adorava), vimos vários filmes. Um em especial *Relatos do Mundo,* com Tom Hanks, ficou muito marcado, pois era exatamente sobre o que ela gostava de fazer: conversar (já disse isso, né?), viajar e acolher. Como professora da rede pública, como mãe, como tia ou como amiga, ela tinha uma incrível capacidade de acolher. Cresci a vendo ser sempre um ponto de segurança para todos, independentemente do que estivesse acontecendo.

Aqueles dias, cuidando dela em casa, me fizeram sentir algo muito bom. Um sentimento de estar, de alguma forma, sendo para ela o que ela foi para mim a minha vida inteira. Vou contextualizar: eu tive dois episódios de saúde muito graves. E em ambos, mesmo que toda a minha família estivesse ao meu lado, ela sempre foi quem dormiu no hospital junto comigo. Por ser o mais novo dos três filhos, eu vivia “enrabichado” nela. Estudei na escola na qual ela lecionava (na quinta série, inclusive, ela foi minha professora), viajamos muito juntos; eu gostava de ir visitar as minhas tias e tios com ela.

Vivi intensamente meus trinta e nove anos com a minha mãe e confesso: a única coisa que não dava para entender era o sorvete de passas ao rum. Mas, sem ela aqui, não teve um único dia no qual não tivesse um pote desse sabor no freezer lá de casa.

Queria ter dito para ela que o sorvete de passas ao rum é maravilhoso.

(E é mesmo.)

6 MESES NINA

UM POUCO MAIS SOBRE A MINHA MÃE

ELA E MEU PAI DERAM DURO PARA CRIAR TRÊS FILHOS.
ELA TRATAVA AS NORAS E O GENRO COMO FILHOS.
E OS NETOS TINHAM UM LUGAR ESPECIAL EM SEU CORAÇÃO.
MINHA MÃE ERA O PORTO SEGURO DE TODOS NÓS, UMA PARCEIRA INCANSÁVEL.
COM ELA, NÃO TINHA TEMPO RUIM. NÃO IMPORTAVA A HORA OU O LUGAR,
SEMPRE PODÍAMOS CONTAR COM ELA.

ESSA FOI A NOSSA ÚLTIMA FOTO COM TODOS JUNTOS.

DR. FABIANO RAMOS

DIA TRÊS

NESSE DIA EU APRENDI QUE:

ACOLHER É SOBRE PEDIR AJUDA

Ijuí é uma cidade no interior do Rio Grande do Sul, próxima a Cerro Largo, onde minha mãe nasceu. De lá, saíram dois irmãos que mudariam a minha vida para sempre. O primeiro deles é o Fabrício, grande amigo, meu padrinho de casamento e parceiro de negócios. Foi ele que me trouxe para São Paulo e transformou a minha carreira profissional. Mas é sobre o irmão dele que eu quero falar, o Dr. Fabiano Ramos. Ainda em março de 2020, troquei algumas mensagens com ele para ouvir, de alguém em quem eu confiava, qual era o tamanho dessa tal pandemia que chegava ao Brasil. Depois dessa conversa, acompanhei algumas lives que ele fez sobre o assunto. Mas foi em agosto, desse mesmo ano, que mandei a mensagem que ninguém gostaria de enviar: "Meu amigo, testei positivo para a Covid, e agora?". Com toda tranquilidade e acolhimento que o Dr. Fabiano tem, ele me acalmou, orientou para o isolamento e reforçou: "Não tem remédio, apenas vamos te medicar sintomaticamente". Hoje, considero que o meu quadro foi leve; mas, na época tive muito medo. Ao "receber alta" do isolamento, minha sogra e minha esposa testaram positivo. Mais catorze dias de preocupação, sempre com as orientações do Fabiano, e a saga Covid terminava de forma feliz dentro da minha casa em São Paulo. Pelo menos, era o que a gente achava.

Durante a minha estada em Porto Alegre para cuidar da minha mãe, eu mantinha contato diário com o Fabiano. Na segunda-feira, ele pediu que eu a levasse novamente ao consultório. Escuta do pulmão boa, oxigenação dentro de uma média aceitável, a consulta protocolar terminou com otimismo: estávamos indo bem. Entretanto, no dia seguinte, a oxigenação caiu bastante e, por via das dúvidas, ele pediu para vê-la novamente no final do dia.

O Fabiano é daqueles médicos de seriado americano da melhor qualidade.
Atencioso, inteligente, estudioso, dedicado e, acima de tudo, tem um grande coração.

Digo isso porque, além da Covid lá de casa e da situação da minha mãe, encaminhei diversos familiares e amigos para ele durante a pandemia, e todos voltavam com muitos elogios pela postura ímpar dele ao lidar **com os casos.**

Nas conversas com o Fabrício, ele sempre comentava sobre o esgotamento do Fabiano, pois estava há muitos meses emendando dias e noites no hospital, lutando junto a centenas de outros profissionais para vencer uma guerra que é desumana. Não tenho a menor dúvida de que pouca gente tem a exata noção do que acontece dentro dos hospitais durante a pandemia. Do lado de fora, a gente até imagina; mas lembro que os dias em que acompanhei a minha mãe internada me mostraram que a realidade é muito pior do que o que a gente vê na televisão. E lembrando que não são necessários apenas os médicos e enfermeiros (que são importantíssimos) para um hospital funcionar; temos profissionais de muitas áreas envolvidas, todos expostos diariamente ao vírus.

A pandemia afetou a vida de todos nós de alguma forma. É impossível passar à margem de tudo isso, mas eu tenho uma empatia muito grande pelos profissionais da área da saúde. Embora seja quase impossível, eu tento imaginar o tamanho da exaustão que eles estão passando e o quanto isso afeta muitos aspectos de suas vidas. Sei que são acostumados a lidar com situações difíceis dentro dos hospitais, mas nada se compara ao que temos visto desde março de 2020 no Brasil. Não bastassem todos os desafios do vírus em si, ainda precisam lidar com uma onda de negacionismo, ***fake news*** e interesses políticos que só pioram as coisas.

No desenrolar do caso da minha mãe, o Dr. Fabiano teve que me dar notícias duras e tristes. Recordo-me muito bem do último dia, quando, abraçados, choramos muito, pois, apesar de todo o esforço dele e de todos no hospital, ela era mais uma vítima desse vírus maldito.

Mas, voltando àquela terça-feira em que estávamos no consultório pela baixa oxigenação, o Dr. Fabiano estava em dúvida sobre interná-la (os riscos da internação eram mais altos devido a loucura da superlotação dos hospitais) ou colocar um cilindro de oxigênio em casa e acompanhar remotamente.

Eu não tinha a menor dúvida de que ele queria o melhor para a minha mãe. Então perguntei:

"Se fosse a sua mãe, o que você faria?".
Dr. Fabiano respondeu:
"Internaria".
Olhei para a minha mãe e disse:
"Mãe, vamos ficar então?".
E ela respondeu:
"Sim, acho que vai ser melhor".

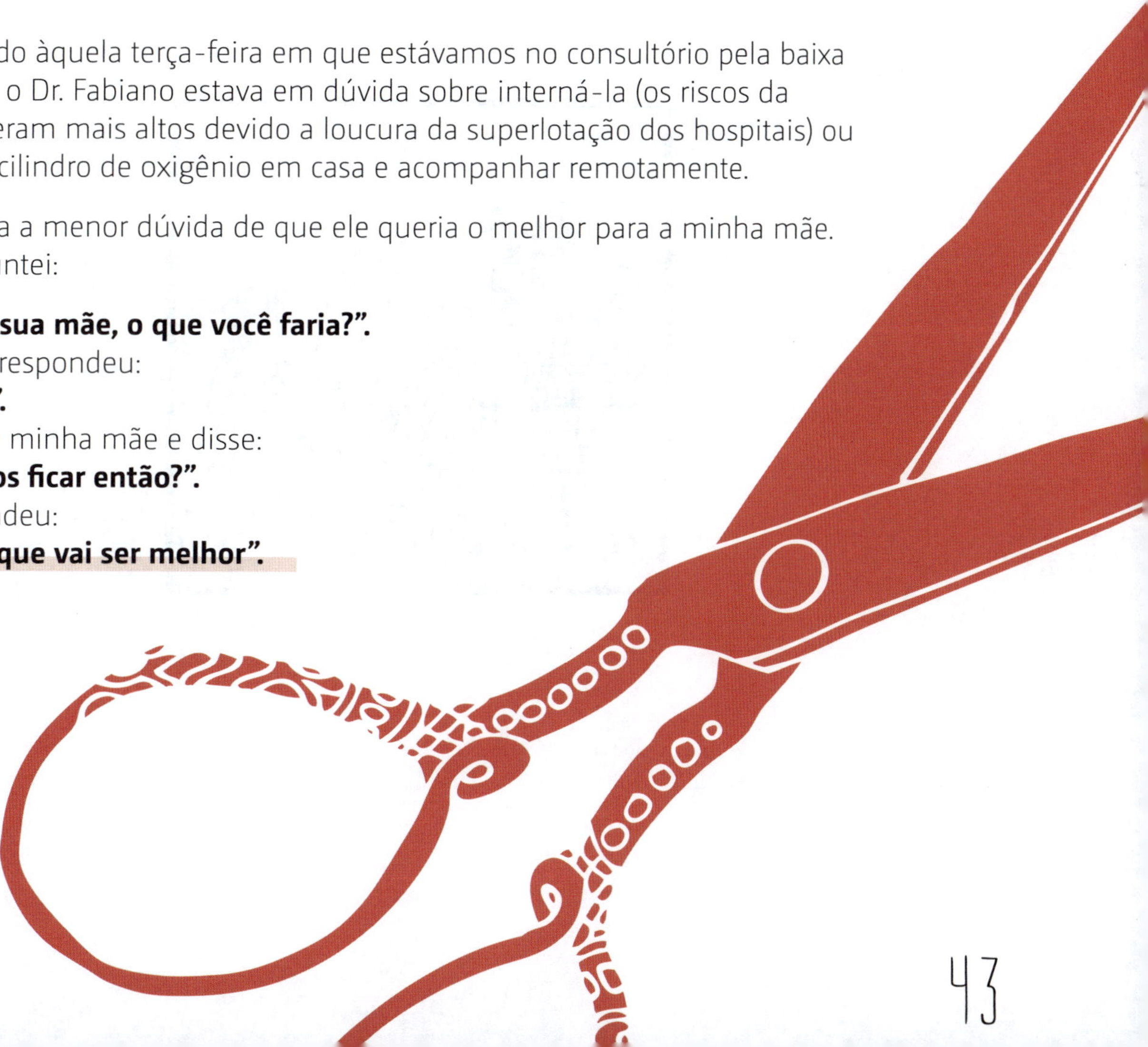

UM POUCO MAIS SOBRE A MINHA MÃE

ENCONTREI ESTA FOTO (QUE DEVE SER DA DÉCADA DE 80)
QUANDO ESTAVA NA DIFÍCIL MISSÃO DE MEXER NAS COISAS DELA
APÓS A SUA PARTIDA. CONSIGO ENXERGAR EM NÓS CINCO,
UMA FAMÍLIA QUE VENCEU MUITAS DIFICULDADES,
QUE SEMPRE ESTEVE JUNTA, QUE NUNCA DESISTIU, QUE SORRIU,
MAS QUE TAMBÉM CHOROU MUITO.

E HOJE VEJO CLARAMENTE QUE ELA FOI A NOSSA BASE.

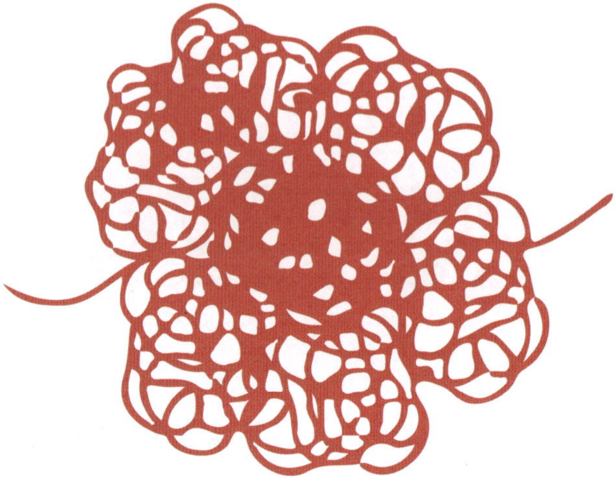

A INTERNET PODE SER UM LUGAR DE AMOR

DIA QUATRO

NESSE DIA EU APRENDI QUE:

PARA ACOLHER NÃO PRECISA ESTAR PERTO

Após a decisão por internar minha mãe, fomos até a emergência para dar entrada. Logo, ela foi atendida e colocada em um local "reservado" para pacientes com Covid-19. Após preencher as burocracias da internação, restava apenas aguardar para saber se haveria quarto naquela noite ou se ela teria que dormir na emergência. Até esse dia, eu não havia publicado nada nas minhas redes sociais, onde sou bem ativo e costumo compartilhar meu dia a dia, além de assuntos profissionais.

Foi então que, sentado do lado de fora do hospital (não queria ficar lá dentro pelo risco de contaminação), fiz uma sequência de stories na minha conta no Instagram.

"Se cuidem agora, hoje. Não vai dar para salvar todo mundo". Esse foi o último "stories" da sequência.

Publiquei e logo fiz uma chamada de vídeo com a minha Fê, que tinha ficado em São Paulo, e depois fiz algumas ligações para meus irmãos e meu pai. Após cerca de vinte minutos, abri meu Instagram novamente. Aí veio a surpresa: dezenas de mensagens com palavras de carinho e força. Foi naquele momento, sentado na calçada numa noite de terça-feira, que senti pela primeira vez algo diferente vindo das redes. Uma sensação que, na hora, não identifiquei, mas que hoje consigo claramente compreender como um ato de acolhimento dos meus amigos virtuais.

Nos dias seguintes, continuei com as postagens e as mensagens de acolhimento foram crescendo. Existe uma linha muito tênue entre compartilhar e se expor demais. Sei disso, pois sou formado em comunicação e trabalho com conteúdo digital. Mas ali eu escrevia e postava com o meu coração. Aliás, mais que isso, eu estava usando o Instagram como uma forma de desabafar, colocar para fora meus sentimentos, medos, angústias. Estava sendo vulnerável (não tinha como ser diferente) e, a cada postagem, as mensagens aumentavam. Assim tem sido até hoje, mas foi quando o pior aconteceu que eu me dei conta de algo que se transformaria em um propósito de vida:

Se a internet pode ser um lugar de mais amor, por que a vida real não pode ser assim também?

Nos últimos anos, a gente tem acompanhado as redes sociais sendo usadas de forma completamente contrária à palavra "acolhimento". Falsamente escondidas, por trás de um suposto anonimato, milhares de pessoas (e/ou robôs) espalham ódio, *fake news*, agridem com palavras, semeiam discussões, travam batalhas por quem tem razão, colocam tudo em jogo para que a sua linha de pensamento seja considerada a mais correta. Mas, no fim das contas, a vida fora das redes também tem tudo isso, assim como tem e pode ter mais acolhimento.

Atualmente, sinto que estamos matando as nossas relações, sejam elas de qualquer natureza. Parece que nós somos uma junção de fios desencapados que, quando se encostam, não é possível prever se haverá um choque ou não. Todos os dias, entramos em disputas para descobrir quem está certo e quem está errado. Dessa forma, tentamos colocar o mundo em duas caixinhas de respostas binárias, sim ou não. Mas a verdade é que o mundo não cabe em apenas duas caixas. Pelo contrário: as pessoas são complexas, diversas e não estão contidas em apenas duas possibilidades.

O acolhimento é mais que uma tendência, é uma necessidade.

Por isso, **precisamos passar a acolher quem fala com a gente**. Ouvir com atenção, com humanidade, com compreensão. Todo mundo precisa de acolhimento, por isso tenho me dedicado cada vez mais a espalhar por aí o que chamo de "comunicação acolhedora". É uma forma da gente se relacionar de modo mais harmônico e saudável na vida real ou na internet.

Aliás, durante toda a internação no hospital, minha mãe optou por não mexer no seu próprio celular. Eu cheguei a insistir, pois queria que ela visse as centenas de mensagens que estavam mandando. Um dia, eu disse: "Mãe, tu não tem noção de quantas pessoas estão mandando mensagem, orando, torcendo e emanando boas energias para ti. São tantas que eu nem sei por onde começar".

E ela tirou a máscara de oxigênio, me olhou com um olhar de mãe e disse:
"Eu sei, eu sinto".

Não deixem de dizer coisas boas na internet. E na vida.

23

UM POUCO MAIS SOBRE A MINHA MÃE

ELA ERA UMA SENHORINHA MUITO CONECTADA.
ADORAVA JOGUINHOS NO CELULAR, POSTS NO FACEBOOK
E SE AMARRAVA EM CRIAR GRUPOS NO WHATSAPP.
UM DESSES GRUPOS É O "SOBRINHOS DA CHICA"
QUE REÚNE MAIS DE TRINTA SOBRINHOS ESPALHADOS POR TODOS OS LADOS.

O GRUPO SEGUE ATIVO EM SUA HOMENAGEM.

A PRIMEIRA VIAGEM DE CARRO PARA PORTO ALEGRE

DIA CINCO

NESSE DIA EU APRENDI QUE:

ACOLHER É SOBRE OUVIR COM ATENÇÃO

Tivemos muitas conversas durante os dias no hospital. Falamos sobre várias coisas, ela me contou diversas histórias e todas com uma riqueza de detalhes muito grande. Sabe aquela coisa de mãe, que gosta de entrar nos detalhes? São coisas que, muitas vezes, nem importam tanto para quem ouve,

mas é o brilho no olho de quem conta que nos faz prestar atenção.

Foram várias histórias assim! Lembramos de algumas juntos, recordamos de gente da família que amamos muito.

Em uma das noites, ela me contou toda a vida da querida Tia Mirinha (irmã do meu avô Arthur). Mas assim, ela fez isso com uma riqueza de detalhes e boas lembranças que, ao ouvi-la falar, eu só pensava: *Como que ela lembra de tudo isso?*. Então, um dia, após o jantar, enquanto falávamos sobre viagens, ela começou a contar sobre a primeira vez que foi de carro de Cerro Largo para Porto Alegre. A viagem durou quase um dia todo, pois são quinhentos quilômetros, e na época a estrada não era asfaltada. Junto ao meu avô Arthur, que eu não conheci, pois ele faleceu quando minha mãe tinha quinze anos, foram o Tio Ari e o Tio João, irmãos dela. Ela falou das brincadeiras que faziam para passar o tempo, do pó da estrada que tomava conta do carro, de onde pararam para comer e que quando estavam quase chegando a Porto Alegre, o carro estragou em Guaíba. Foi a maior confusão! Mas eles conseguiram arrumar e seguir a viagem. Foi nesse momento do relato que eu vi o olho da minha mãe brilhar como se fosse aquela menina de dez anos me contando tudo. "Gui, chegamos ali no centro e fomos direto para o hotel. Que, aliás, era muito bom; meu pai gostava de coisas boas. Ficava ali na Praça Júlio de Castilhos e eu estava encantada com o centro de Porto Alegre. O Ari e o João não queriam descer, e o pai precisava ir arrumar o carro. Eu fui junto e fiquei brincando com tudo, queria aproveitar cada momento, eu adorava viajar."

Essa história, que na hora não parecia ter muito significado, me prendeu a atenção. Não pela viagem em si, mas por ver como ela estava contando aquilo com vontade. Hoje, penso como foi importante eu ouvir com atenção, pois foi minha única chance de escutá-la falar sobre aquele episódio.

Mais do que isso, ali eu vi como é possível a gente amar alguém pelo resto da vida. O amor com o qual ela se referia ao meu avô naquele dia era diferente e foi a primeira vez que eu notei isso. Mesmo que ela tenha vivido apenas quinze anos com ele, nunca se esqueceu das histórias, do amor e da admiração. Em uma conversa com a minha tia, enquanto escrevia este livro, ela definiu o vô Arthur como alguém que tinha muita autoridade sem ser autoritário. Isso é para poucos e fico muito feliz que ele tenha tido a minha querida vó Amalia como esposa, pois ela (com a qual convivi até meus onze anos) era uma pessoa incrível e muito amorosa. Alguém de quem eu sinto saudades até hoje.

Me imagino daqui a alguns anos contando sobre as minhas viagens com a minha mãe para a Nina. Foram tantas! Aproveitei demais e tenho certeza que essa paixão pela estrada é herdada dela.

Minha mãe tinha a meta de conhecer todas as capitais do Brasil. Faltaram apenas três: Rio Branco, Teresina e Campo Grande. Ainda vou visitá-las com a Nina para cumprir essa meta por ela.

Mais do que a história da viagem de carro para Porto Alegre, o amor pelo vô Arthur ou a paixão por viajar, eu aprendi como devemos escutar mais. Mas escutar de verdade, com atenção, com carinho, com interesse genuíno sobre o que estão nos contando. Em um mundo onde todo mundo quer falar tanto, aprender a ouvir mais é essencial.

A gente nunca sabe se aquela será a nossa última chance de ouvir aquela história. Então, na dúvida, **não a desperdice.**

UM POUCO MAIS SOBRE A MINHA MÃE

ELA ADORAVA ESTAR RODEADA DE GENTE
E CRESCEU EM UMA FAMÍLIA COM ONZE IRMÃOS,
DEZENAS DE SOBRINHOS E CENTENAS DE PRIMOS.
COM CADA UM DELES, VIVEU, APRENDEU, SORRIU E CHOROU
DE FORMA PRESENTE. ELA SEMPRE DEU UM JEITO DE
ESTAR PERTO DE TODOS, NÃO IMPORTAVA ONDE ESTIVESSE.

A TIA TINHA E O TIO ARI QUE O DIGAM.

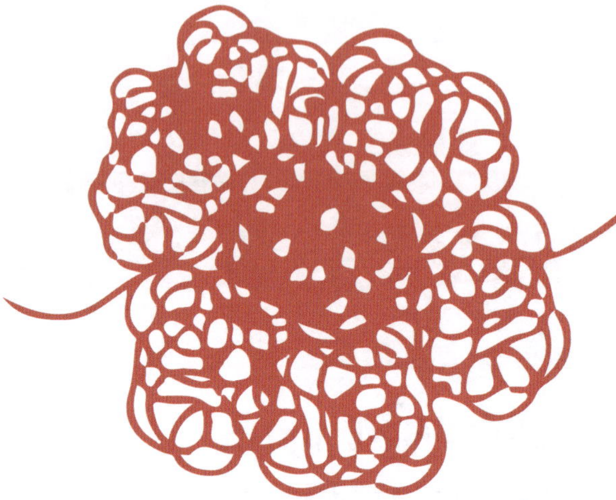

"QUE BOM QUE TU VEIO"

DIA SEIS

NESSE DIA EU APRENDI QUE:

ACOLHER É SOBRE SENTIR

Desde junho de 2020, quando minha filha nasceu, o dia 17 sempre foi especial. O mesversário da Nina foi comemorado com diversas festinhas caseiras sem convidados. A exceção foi no mês de novembro, quando fomos para Porto Alegre e reunimos a família em um local aberto. Todos com PCR negativo e com distanciamento, para que a gente pudesse, ao menos uma vez, comemorar "juntos".

Mas, naquele 17 de março, não teve nenhum tipo de comemoração; a não ser uma ligação por vídeo, na qual eu e minha mãe falamos com a Fê e a Nina. Naquela quarta-feira, a saturação da minha mãe começou a oscilar muito e um certo ar de preocupação surgiu. Embora não houvesse outros sinais de piora e a gente, inclusive, estivesse falando sobre quando ela teria uma possível alta, o Dr. Fabiano resolveu pedir um Raio-x do pulmão. Para evitar deslocamento e fadiga, o exame foi feito no quarto mesmo; eu estava lá e acompanhei. Por volta das dez horas, como era habitual, dei um beijo de boa-noite, me despedi dela e fui embora.

Aquela volta para casa também foi diferente, pois era a primeira noite que eu iria dormir na casa da minha mãe, já que meus sogros estavam de volta a Porto Alegre. Por segurança (eu estava indo ao hospital todos os dias), era melhor que eu não seguisse na casa deles. No caminho, liguei para os meus irmãos, comentei um pouco sobre o exame e, novamente, senti algo estranho no ar. Sem dúvida, esse foi o primeiro dia que começamos a cogitar que realmente as coisas pudessem piorar. Mas logo controlei minha mente e não deixei que "coisas ruins" crescessem em pensamentos. Coloquei uma música e comecei a pensar no banho e na noite de sono... Era tudo o que eu queria.

Ao chegar a casa, recebi uma ligação do Dr. Fabiano:

"No Raio-x, não aparece muita coisa, mas eu estou achando que essa saturação dela não devia estar tão baixa. Vou transferi-la para o CTI para colocar outro tipo de oxigênio que vai 'dar um gás'. Acredito que uns três dias ali no CTI resolva. Acho mais prudente".
Pensei rapidamente e respondi:
"No CTI, ela ficaria isolada, né? Mas se tu acha que é melhor, confio em ti. A única coisa que eu queria era dar um tchau pra ela ir tranquila. Pensei em dormir lá, mas tenho medo que ela se assuste ao me ver, já que não sabe que vai para o CTI".
E o Dr. Fabiano respondeu:
"Vai, pode ir dormir, vai ser bom para ela".

E eu fui, sem saber que seria a nossa última noite juntos.

Ao chegar, ela já dormia. Me acomodei na poltrona e logo peguei no sono sem ela me ver. No meio da madrugada, ela acordou, me viu e disse: "Ué! O que está fazendo aqui?". Eu respondi que tinha chegado em casa e não queria dormir sozinho.

Então ela respondeu:
"Que bom que tu veio".

Na manhã seguinte, acordamos, conversamos normalmente e ela pediu para tomar uma batida no café da manhã. Eu perguntei como ela estava se sentindo e ela disse que estava bem, que a batida tinha "dado um up". Mas eu sentia que a respiração dela não estava normal, pois ela estava ofegante e muito sonolenta. Conversamos mais um pouco e ela dava umas "pescadas", quase umas minissonecas. Naquele dia, meus irmãos foram ao hospital para, também, dar um beijo nela antes da ida ao CTI (lembrando que ela ainda não sabia). Os dois já estavam lá embaixo, quando comentei que eu precisava descer para que eles pudessem subir (pois era permitido apenas um por vez dentro do quarto).

Ela pegou na minha mão e disse: "Fica mais um pouco". Eu fiquei, mas ela logo adormeceu. Então, dei um beijo em seu rosto, segurei sua mão e desci para minha irmã subir.

Pouco mais de uma hora depois, ela teria uma queda abrupta na saturação. Minha irmã mandou uma mensagem no grupo dos irmãos: "A mãe passou mal e foi entubada dentro do quarto. Está indo para a UTI".

Sim, aqueles tinham sido os meus últimos momentos com ela.

UM POUCO MAIS SOBRE A MINHA MÃE

EU E MINHA MÃE TINHAMOS UMA RELAÇÃO DE AMIZADE MUITO GRANDE
E ISSO COMEÇOU QUANDO EU ERA PEQUENO.
ELA TINHA UMA FRASE QUE DIZIA SEMPRE: "NÃO ME CONVIDA, QUE EU VOU".
E FOI ASSIM QUE APRENDI A IR SEMPRE JUNTO.
HOJE, ADORO CONVIDAR E, POR TRINTA E NOVE ANOS,
TIVE UMA MÃE QUE ADORAVA IR.

ELA ERA DO MUNDO E ME FEZ SER ASSIM.

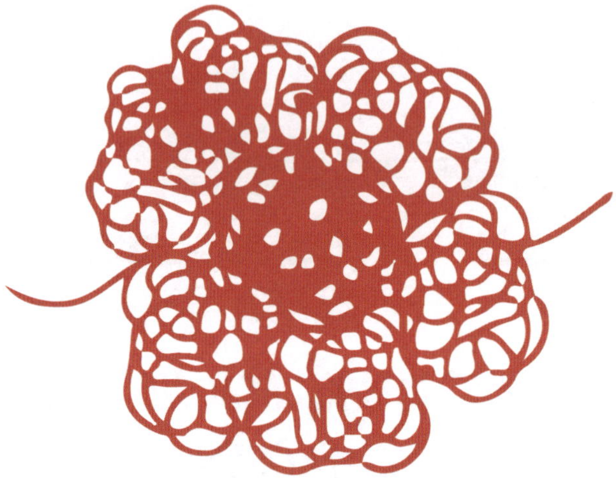

AS NOTÍCIAS NÃO SÃO BOAS

DIA SETE

NESSE DIA EU APRENDI QUE:

ACOLHIMENTO NÃO EXCLUI TRISTEZA, MAS AMENIZA

Ao ler a mensagem, meu irmão e eu, que estávamos conversando sobre amenidades em frente ao hospital, nos abraçamos e choramos muito. A gente sabia que tudo havia mudado e para muito pior. Insisti que ele subisse para tentar vê-la, liguei para a Fernanda e disse para ela vir para Porto Alegre no próximo voo. Estava atordoado e resolvi tentar entrar no hospital, quando um carro parou na minha frente. Dele, desceu meu cunhado Rodrigo, absolutamente "do nada". Nos abraçamos em silêncio e choramos muito.

Alguns minutos depois, meus irmãos desceram e ali começava a nossa angústia por notícias do Dr. Fabiano. Ele estava no consultório e foi às pressas para a UTI. Quase duas horas depois, ele veio ao nosso encontro e detalhou a situação com um ar de preocupação que não havia surgido até então. Ele comentou que, ao ser entubada, ela passava a correr diversos riscos, porque o quadro era muito grave, tudo seria lento e a nossa rotina deveria ser de muita paciência, pois as notícias seriam uma ou duas vezes ao dia. Na conversa, que foi em frente à mesma emergência que eu havia publicado os primeiros stories, todos sentimos que era, definitivamente, uma questão de vida ou morte.

Lá de São Paulo, a Fê me mandou uma mensagem dizendo que havia conseguido um voo para o início da tarde e logo eu estava no aeroporto esperando as minhas meninas. Ao chegarem, um demorado abraço nelas me encheu de energia, contrastando com as lágrimas que insistiam em sair dos meus olhos e o meu coração que batia descontroladamente. Fomos todos para a casa da minha irmã e, ainda meio incrédulos, sabíamos que no fim do dia viria algum tipo de notícia da UTI.

Passava um pouco das dezessete horas, quando meu telefone tocou. Era o Dr. Fabiano. Eu nunca vou me esquecer das palavras dele:

"Alf, as notícias não são boas. Tua mãe teve duas paradas cardiorrespiratórias, um sangramento na traqueia e a situação é irreversível. O quadro se agravou muito e infelizmente não temos mais muito o que fazer".

Eu caí num choro desesperado. Eu havia tomado café da manhã com ela horas antes e agora a situação era irreversível. Não querendo acreditar, pedi para que o meu cunhado ligasse para ele novamente, pois eu só podia ter entendido errado. Ao desligar a chamada com o Dr. Fabiano, o Rodrigo confirmou o quadro e reforçou que era uma questão de horas e não de dias. Ligamos para o meu irmão e meu pai, e esperamos eles chegarem para fazermos uma espécie de preparação para a despedida. Oramos e, despedaçados, tentamos achar palavras que nos confortassem.

Meu irmão disse que gostaria de ver a nossa mãe, pois acabou não conseguindo pela manhã, então eu falei que iria junto. Chegando ao hospital, fomos até a UTI e a cena era inacreditável. Ela respirava por aparelhos, estava irreconhecível. Segurei na mão dela, agradeci por tudo que havíamos vivido e fiz uma oração.

Ainda sem acreditar, fui embora esperando o telefone tocar com a formalidade da confirmação da morte.

Como o telefone não tocou, **acabei pegando no sono.**

UM POUCO MAIS SOBRE A MINHA MÃE

MINHA MÃE TINHA TRÊS CARACTERÍSTICAS MUITO ESPECIAIS:
ERA CALMA, CARINHOSA E CENTRADA. COMO MÃE, FILHA, ESPOSA, DINDA, AMIGA, ELA PASSOU POR MUITOS MOMENTOS DIFÍCEIS E SEMPRE RESOLVEU TUDO COM ESSAS CARACTERÍSTICAS MUITO FORTES.
E SEM PERDER ESSE SORRISO QUE NÃO IREI ESQUECER.

COM ELA, APRENDI O SEGREDO DE MANTER A SERENIDADE.

INCRIVELMENTE, ELA MELHOROU!

DIA OITO

NESSE DIA EU APRENDI QUE:

ACOLHER É SOBRE ESPERANÇA

Acordei no outro dia, perto das oito horas da manhã. No meu celular, uma mensagem de áudio do Dr. Fabiano dizia o impossível: “Tua mãe incrivelmente melhorou. O quadro ainda é muito grave. Ontem, não tínhamos nenhuma chance. Hoje, temos, mesmo que ainda seja gravíssimo. Te mantenho informado”. Como numa cena de filme, pulei da cama e saí pela casa gritando (e chorando de feliz): “A mãe melhorou, a mãe melhorou”. Abracei minha irmã e meu cunhado e choramos muito.

Havia esperança.

Os próximos dias foram de muita tensão e fé, nervosismo e esperança, medo e coragem para enfrentar tudo. Eu sou católico; meu irmão, budista; e minha irmã, católica não praticante. Nos unimos em um só pensamento: ***Ela vai melhorar***. As ligações, mensagens de amigos e familiares e as centenas de mensagens nas redes sociais eram um gás enorme. Começamos a nos apegar em cada detalhe que pudesse nos dar um pouco mais de esperança. A Nina teve um papel fundamental nesse momento, pois a alegria e doçura de um bebê contrastavam com todo o clima que habitava na casa. Passei por diversos episódios, mas especialmente três ficaram muito marcados.

O primeiro deles se resume às conversas que tive com a Mônica Mohr, mãe do meu amigo Rodolfo e terapeuta holística. Ela sempre foi uma pessoa muito energizada e se colocou à disposição para ficar ao meu lado virtualmente nesse processo. Trocamos longos áudios que foram verdadeiros abraços e guias espirituais, para mim, naquele momento tão frágil.

O segundo se refere a algo que eu nunca contei para ninguém. Tenho uma mania de inventar músicas na hora de fazer a Nina dormir e a principal delas (quase um *hit* secreto) diz assim: "A Nina vai, um soninho com o papai, ela vai, ela vai, um soninho com o papai". Naquele final de semana, inventei uma nova versão e toda vez que embalava a Nina, cantava junto com ela: "A vovó vai melhorar, melhorar, melhorar, a vovó vai melhorar". Era um jeito de mandar as potentes energias da Nina para a vovó.

Por fim, lembro que, no domingo, eu e minha irmã fomos até o hospital e sentamos próximos à janela da UTI onde nossa mãe estava (não podíamos entrar). Ficamos um bom tempo olhando para aquela janela de mãos dadas, em silêncio. Eu e minha irmã temos uma ligação muito especial, não à toa a chamo de irmãe e nós dois somos parecidos exatamente naquilo que puxamos da nossa mãe. Mal sabíamos que, juntos, aquela seria a nossa despedida dela ainda em vida.

O quadro dela se manteve estável (em situação gravíssima) durante todo o final de semana e a gente considerava isso uma grande vitória. Ela parecia estar estabilizada, e nos próximos dias veríamos se ela apresentaria melhoras. Na segunda-feira, liguei para o Dr. Fabiano e ficamos mais de dez minutos no telefone. Ele comentou que iria transferi-la de UTI – o que me deixou animado, pois eles estavam "apostando nela". Falou, pela primeira vez, em sequelas (o que também me animou, pois só haveria sequelas se ela sobrevivesse) e disse que mandaria notícias no fim do dia. Lembro-me de escrever um resumo de toda a conversa e enviar para a família e amigos. Segunda-feira, quadro estável (mesmo que gravíssimo), três dias sem piora.

Parecia que era um recomeço das coisas, mas uma mensagem logo depois do almoço me fez jogar a toalha: **"Tua mãe piorou".**

Eu perguntei: "Muito?".

E ele respondeu: "Muito!".

Lembro de olhar para a Fê e só dizer: **"Agora acabou".**

UM POUCO MAIS SOBRE A MINHA MÃE

SE ELA NÃO CONSEGUIU APROVEITAR A NINA,
OS OUTROS NETOS ELA APROVEITOU INTENSAMENTE.
A GABI, A MARINA, A STELLA E O JOÃO GABRIEL TIVERAM NELA MAIS QUE UMA AVÓ, TIVERAM UMA COMPANHEIRA, UMA AMIGA.
A HABILIDADE DELA EM SE RELACIONAR COM TODAS AS GERAÇÕES ERA INCRÍVEL.

TODO MUNDO MERECIA TER A VOVÓ ALICE EM SUA VIDA.

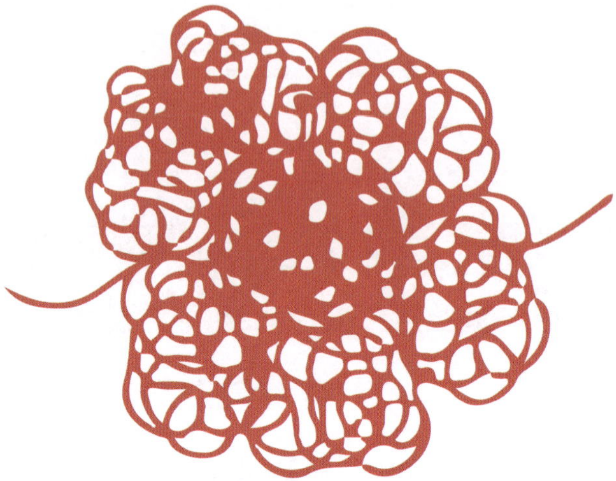

O DIA DA MORTE É O PRIMEIRO DIA DE QUEM FICA

DIA NOVE

NESSE DIA EU APRENDI QUE:

O ABRAÇO FAZ MUITA FALTA NO ACOLHIMENTO

A tarde foi de espera pelo telefonema do hospital ou do Dr. Fabiano, o que foi acontecer no final da tarde. A primeira ligação foi da médica plantonista do hospital para dizer que o quadro havia piorado ainda mais. Por volta das cinco horas da tarde, a ligação do meu amigo e médico dizia o que parecia impossível:

“Infelizmente, ela acabou de falecer”.

Voltando no tempo, vejo que essa não foi a pior ligação; embora, tenha trazido uma dor que sinto até hoje só de lembrar. Eu tenho a plena convicção de que ela – na fatídica quinta-feira, quando o quadro se agravou e ela quase faleceu –, de alguma forma, sentiu que nós não estávamos prontos. Então, deu um jeito de nos dar alguns dias para compreender que ela estava indo embora fisicamente. Na segunda-feira, quando já havíamos assimilado a ideia, ela partiu. Ela foi mãe até o último minuto.

Novamente, nos reunimos. E, como na quinta-feira anterior, juntos oramos e dissemos palavras que nos trouxessem algum tipo de conforto. Comecei a pensar em como seria o processo e uma coisa me incomodou. Pelos protocolos da Covid, a gente não podia visitá-la, então não a víamos desde quinta. Eu não queria que simplesmente tirassem ela da UTI e a mandassem para a funerária. Queria estar junto e ter uma última conversa com ela antes disso tudo começar. Eu e meu irmão fomos novamente para o hospital e, ao chegarmos lá, a ficha caiu. Chorei muito, sendo consolado pelo Dr. Fabiano, agradeci a ele por todo esforço.

Toda morte e separação são muito doloridas, mas esse vírus maldito traz ainda mais crueldade para o momento: a solidão. O velório foi fechado; somente compareceu a família primária. Logo ela, que gostava tanto de tanta gente, e tanta gente que gostava dela. Dezenas de amigas, familiares e amigos nossos queriam nos dar um abraço, um abraço que seria tão importante naquele momento. Isso não foi possível, contudo, uma criança de nove anos me daria o abraço que simbolizaria muita coisa.

Meu sobrinho João Gabriel, de nove anos, tem uma síndrome rara chamada Prader-Willi. Dentre os tantos sintomas que ele tem, um deles é o de ser muito regrado e sistemático. Isso tem se refletido de duas formas na pandemia: primeiro, na preocupação para que ele não se contamine, pois não há certeza de que o vírus aja de forma diferente pela síndrome. Segundo, pela rigidez dele em seguir as regras de distanciamento social, máscaras etc. Durante esses meses distantes, eu lhe perguntava: "E aí, cara? Quando vem me visitar em São Paulo?". Aquelas perguntas só para puxar papo com criança, e ele serenamente respondia: "Somente quando a pandemia acabar".

Logo que ele chegou ao velório e me viu, caminhou até onde eu estava sentado e colocou a mão no meu ombro. Aquele gesto foi o máximo de "quebra de distanciamento" que ele se permitiu. Mas imagino que ele deva ter calculado que o risco era menor que a dor que eu sentia, por isso decidiu pelo gesto de carinho. Ele repetiu a mão no meu ombro mais algumas vezes durante o velório, mas na hora de levarem o caixão, eu caí em um choro compulsivo, daqueles de colocar toda a dor para fora. Me despedi do caixão e saí caminhando. Foi então que ele veio ao meu encontro e me deu um forte abraço. Definitivamente, a mão no ombro, na cabeça dele, não era suficiente, e o risco do abraço era a maior demonstração de amor que ele poderia dar.

O abraço do João Gabriel foi o abraço de centenas de pessoas que não estavam lá.
Ao sair do cemitério e entrar no carro, me dei conta de que o dia da morte é a despedida de quem vai, mas é o primeiro dia de quem fica.

Agora, sem ela.

UM POUCO MAIS SOBRE A MINHA MÃE

CHICA ERA O APELIDO DA MINHA MÃE DESDE CRIANÇA.
MEU AVÔ, QUE ERA DENTISTA, RECEBIA MUITOS PACIENTES VINDOS DA ARGENTINA QUE SE ENCANTAVAM COM AQUELA PEQUENA "CHICA".
PARA COMPLETAR, ELA ADORAVA A MÚSICA "CHIQUITA BACANA".
NÃO SEI O QUE VEIO PRIMEIRO, MAS ESSE APELIDO ERA A CARA DELA.

ELA É CHAMADA ASSIM ATÉ HOJE.

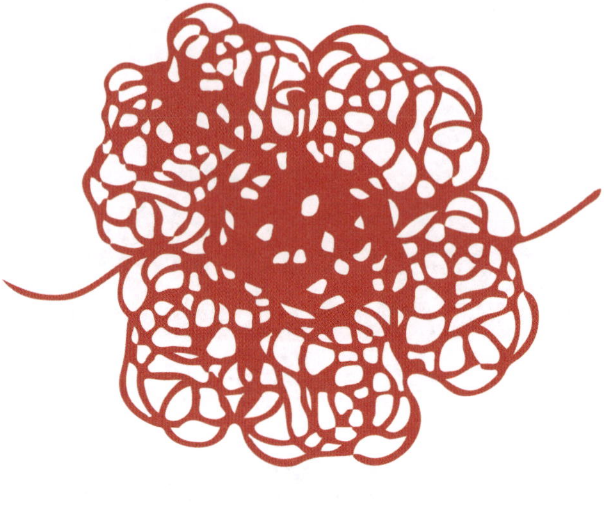

O ENCONTRO COM A PEQUENA GURIA

DIA DEZ

NESSE DIA EU APRENDI QUE:

O ACOLHIMENTO APARECE DE FORMAS INESPERADAS

Os dias após a cremação foram muito doloridos, especialmente o dia seguinte. Era uma quarta-feira e eu me dediquei a responder as mensagens do WhatsApp. Uma a uma, li, ouvi e respondi com o mesmo carinho e acolhimento que as pessoas estavam tendo comigo. Chorei ininterruptamente das treze horas e quarenta cinco minutos até o fim do dia.

Somente na hora de dar o jantar e o banho da Nina (um momento sagrado do meu dia a dia, que tentei ao máximo não interromper) foi que me acalmei um pouco. Sentia uma dor entre o coração e o estômago, uma dor física mesmo. Parecia que tinham arrancado um pedaço de mim e talvez seja isso que eu sinta até hoje. Eu me peguei em diversos momentos pensando como iria viver sem ela depois de tantos anos juntos. Ela faz parte de tudo que sou de alguma forma.

Mas a vida continua de um jeito ou de outro e não demorou muito para eu entender isso na prática.

Na semana seguinte, a Nina começou a apresentar manchas vermelhas por todo o corpo, além do nariz com coriza e um pouco de tosse. Entrei em pânico internamente. Acredito que ao passar pela perda de alguém tão próximo, a gente fica tão exposto que, ao menor sinal de fraqueza de outro alguém próximo, o medo de que o mesmo fim se repita toma conta de forma inconsciente. Mesmo que evidentemente fosse só uma alergia, eu já pensava na possibilidade de ser Covid-19, o que não fazia o menor sentido. Como a pediatra da Nina é de São Paulo, liguei para uma amiga de Porto Alegre, a Dra. Carla. Ela não podia atender a Nina, pois estava de plantão, mas marcou uma consulta com uma colega para o mesmo dia, à tarde. Pela conversa com a Carla no telefone, eu já me acalmei, mas ainda assim achei importante levar a Nina na consulta presencial.

Um pequeno parênteses. Tem algo muito inconveniente em perder alguém para Covid: você é relembrado disso vinte e quatro horas por dia. Ao colocar a máscara, ao assistir televisão, ao receber telefonemas que não podem ser encontros presenciais, ao sentar para trabalhar em home office. A lista é grande: tudo lembra a pandemia e isso remete, a mim e à minha família, ainda mais à perda da minha mãe.

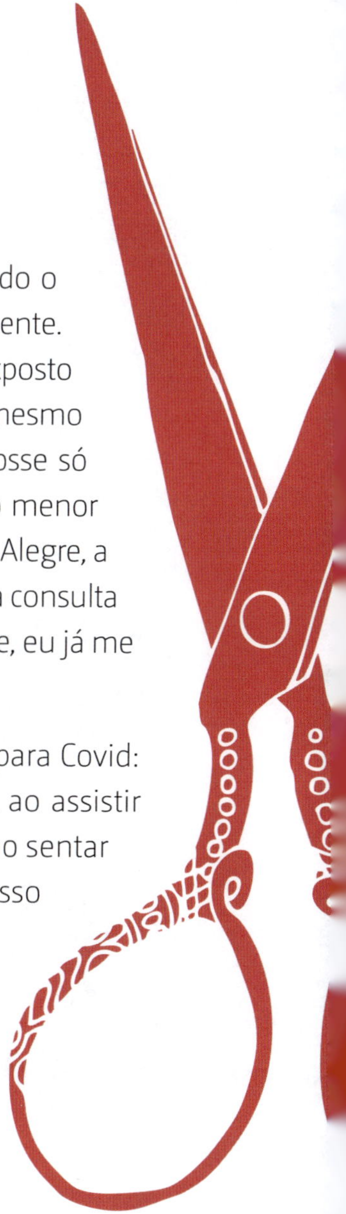

Voltando; fomos à pediatra. Ao chegar ao consultório nos informaram, na portaria, que somente um poderia subir à sala de espera. E o outro seria autorizado a entrar apenas na hora da consulta. Como eu tinha feito toda a marcação, fui eu quem subiu com a Nina. Chegamos lá, fizemos um rápido cadastro e ficamos aguardando para sermos chamados. Eis que uma pequena guria loirinha (como a minha mãe) entrou sorridente na sala de espera. A Nina (que puxou à vovó Alice e ao papai) adora fazer amizade e as duas passaram a brincar juntas ali. Nina emprestou a boneca para a guria, que tirou os sapatos, levando a minha filha a fazer a mesma coisa. Enfim, aquela farra de crianças.

Troquei algumas palavras protocolares com a mãe da menina e, quase na hora de ser atendido, olhei e perguntei: "E como é o nome dessa guriazinha linda e feliz?".

A mãe me olhou e disse: "Alice".

Não consegui segurar as lágrimas, pedi desculpas e falei: "Perdi minha mãe semana passada e ela também se chamava Alice".

Naquele dia, eu
entendi
que a minha
mãe seguirá
comigo para
sempre, mas
de outras formas.

UM POUCO MAIS SOBRE A MINHA MÃE

UM DOS DIAS MAIS FELIZES DA MINHA VIDA
FOI 20 DE SETEMBRO DE 2020, QUANDO, DE SURPRESA,
CHEGUEI A PORTO ALEGRE COM A NINA A TIRACOLO.
ELAS AINDA NÃO TINHAM SE CONHECIDO E FOI AMOR À PRIMEIRA VISTA.
COMO UMA BOA E EXPERIENTE VOVÓ CRIANCEIRA,
LOGO A NINA ESTAVA NO COLO DELA OUVINDO UMA BELA HISTÓRIA.

AINDA NÃO ACEITO QUE ESSA CENA NÃO POSSA SE REPETIR.

A NINA É A ANTÍTESE DA MORTE

DIA ONZE

NESSE DIA EU APRENDI QUE:

PARA SERMOS ACOLHIDOS, PRECISAMOS ACOLHER

Não demorou muito para eu entender que a Nina será a minha grande força para seguir a vida. Não quero que soe injusto, pois minha Fê, as nossas famílias, os meus amigos e centenas de amigos virtuais estão me ajudando demais, mas com a Nina tem algo diferente. Imagine um grande oceano sem nenhuma terra à vista. É assim que eu me sinto muitas vezes. Fico ali boiando e fazendo força para simplesmente não deixar o peso do meu corpo me levar para o fundo do mar. E sabe por que eu não posso afundar? Porque a Nina não sabe nadar e se eu afundar ela vai se afogar. Um dia, ela ainda vai entender a sua importância nesse momento tão dolorido. Mas hoje, mesmo sem entender, ela está se saindo brilhantemente bem.

Uma das minhas dores é saber que a Nina não vai **conviver com essa vovó** que era tão legal.

Minha mãe sempre foi muito presente na vida dos netos e netas (e sobrinhos e seus alunos e os filhos dos amigos – ela era uma crianceira). Com a Gabi, ela conversava sobre o mundo; da Marina, era parceira de histórias; as idas com o João Gabriel à natação rendiam boas conversas, e lembro com muito carinho de como ela sempre acolheu a Stella, enteada do meu irmão, como uma neta. Tem poucas coisas que me fazem chorar tanto quanto pensar que a Nina não vai ter a sorte de conviver com ela. Consigo imaginar as duas conversando ao telefone, fazendo planos de viagem e até mesmo as brincadeiras que teriam. Minha mãe viveu a Nina mesmo antes de ela nascer. Logo depois de descobrirmos a gravidez, ela fez um grupo somente comigo e com a Fê. O grupo, que tinha o nome dado por ela de "Pais de primeira viagem", era um barato! Ela sempre nos mandava boas dicas, ia mostrando os artesanatos que estava fazendo para a Nina e também não deixava de usar aquele canal para fazer o que sabia fazer de melhor: ser presente na nossa vida, mesmo de longe.

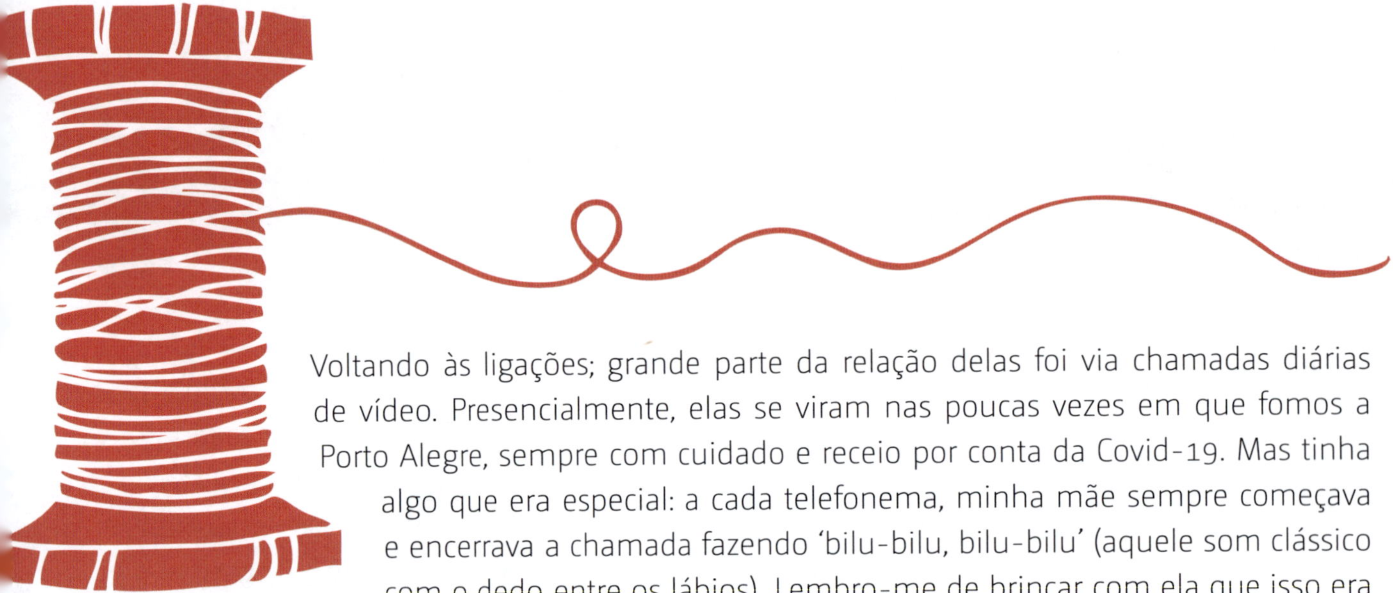

Voltando às ligações; grande parte da relação delas foi via chamadas diárias de vídeo. Presencialmente, elas se viram nas poucas vezes em que fomos a Porto Alegre, sempre com cuidado e receio por conta da Covid-19. Mas tinha algo que era especial: a cada telefonema, minha mãe sempre começava e encerrava a chamada fazendo 'bilu-bilu, bilu-bilu' (aquele som clássico com o dedo entre os lábios). Lembro-me de brincar com ela que isso era brincadeira do passado; que as crianças de hoje gostavam de outra coisa. E ela deu aquela risada dos mais velhos que sabem das coisas.

Meses depois de seu falecimento, um dia, do nada, a Nina começou a fazer sozinha o "bilu-bilu, bilu-bilu". Caí no choro e só pensava que ela tinha ficado com aquela memória da vovó, que tinha razão: aquela era uma forma de comunicação eficiente e havia marcado a Nina. Algumas semanas depois, liguei para a tia Quinha (irmã da minha mãe que mora em Manaus) e ficamos quase uma hora conversando ao telefone. Aliás, ainda no hospital, eu perguntei para a minha mãe por que ela mantinha um telefone fixo em casa. Ela respondeu dizendo que "era para falar com a Quinha, que não tem muito jeito com celular". As duas conversavam por horas, e eu e meus irmãos estamos tentando manter essas conversas frequentes, como uma forma de senti-la presente com a gente. Dia desses, ao desligar uma de nossas chamadas, fiquei pensando que falar com a minha tia é uma forma de conversar com a minha mãe.

Foi numa dessas ligações que a tia Quinha me falou:
“Guigui (meu apelido na família), a tua mãe me contou que sempre que ligava pra Nina em vídeo ela fazia um tal de ‘bilu-bilu, bilu-bilu’. Disse que fazia isso para que a Nina não se esquecesse dela, já que elas não se viam muito por causa da pandemia”.
A voz embargou, segurei as lágrimas e só consegui pensar:

Mãe, ela não esqueceu.
E nunca vai esquecer.

UM POUCO MAIS SOBRE A MINHA MÃE

A HABILIDADE DE CONTAR HISTÓRIAS APARECIA EM MUITOS MOMENTOS.
SEMPRE QUE ELA ENCONTRAVA ALGUM AMIGO MEU,
NÃO PERDIA A OPORTUNIDADE DE CONTAR ALGUMA.
O MAIS LEGAL É QUE ELA CONHECIA ALGUÉM UMA VEZ E, A PARTIR DAÍ,
JÁ CONSIDERAVA A PESSOA DO SEU CÍRCULO,
SEMPRE ME PERGUNTANDO COMO ELA ESTAVA.

E ASSIM ELA VIROU AMIGA DOS MEUS AMIGOS.

MEU NOVO NORMAL É SEM A MINHA MÃE

DIA DOZE

NESSE DIA EU APRENDI QUE:

O ACOLHIMENTO PODE TER UMA CAUDA LONGA

Nas semanas seguintes à morte da minha mãe, recebi um áudio muito acolhedor do Arthur Gubert, um querido amigo, que falava sobre o tempo.

Ele me disse: "Que o tempo seja teu amigo, que ele amenize essa tua dor e que ela passe rápido; mas que esse tempo também passe devagar quando tu olhar pra Nina, pra que tu aproveite cada momento com ela e que possa contar tudo sobre a avó incrível que ela tem.

Respeitar o tempo e suas velocidades é um desafio e tanto.

No pior momento da minha vida, decidi não abrir mão de respeitar meu tempo. Tenho vivido estes difíceis dias de forma muito genuína, aberta, de frente. A volta para São Paulo era um grande ponto de interrogação. Eu não sabia como seria me afastar fisicamente da minha família e das lembranças mais vivas da minha mãe, mas eu e as minhas meninas (sempre juntos) voamos para esse recomeço de vida. Aos poucos, fui voltando ao trabalho e retomando a rotina, que agora continha novos momentos. Inseri conversas diárias com a minha mãe durante as minhas orações, normalmente feitas pela manhã. Começo o dia conversando com ela e, com muita frequência, ainda em lágrimas, insisto em dizer-lhe que estamos bem. Ao desmontar o apartamento em que ela morava, separei várias coisas que tinham algum significado ou lembrança e trouxe para a minha casa. Fiz uma gaveta só com coisas dela e, quando estou muito triste, abro a gaveta, mexo nas coisas e deixo as lágrimas expressarem a minha saudade. A verdade é que, aos poucos, fui criando uma nova rotina para lidar com a dor.

Mas o luto não é uma linha reta e tem sido difícil viver com tantas curvas. Dentro de uma mesma semana, oscilo entre dias leves e momentos em que parece que não vou conseguir sair da cama. Estou aprendendo a reconhecer novos sentimentos. Às vezes, de manhã estou super bem e à noite só quero chorar. Não tem a menor lógica. Teve uma semana que eu só tinha vontade de ligar para ela, fazer uma chamada de vídeo, contar alguma coisa. Saber que não posso fazer isso faz com que eu flerte perigosamente com a raiva e a tristeza juntas. No meio disso, eu sentia muita falta da minha família em Porto Alegre, que estava sofrendo de diferentes formas, e essa distância também não era uma linha reta. Digo isso porque, se por um lado eu tinha saudade deles e de tudo o que envolvia a minha mãe, estar em São Paulo, onde tenho menos lembranças físicas, também é uma forma de tentar levar as coisas de um jeito mais leve (ainda me pergunto se é possível).

Chegou maio e com ele duas datas que me traziam um verdadeiro pânico: o Dia das Mães e o aniversário da minha mãe. Início e final do mês. A primeira data tinha um elemento que eu não queria deixar de lado: era o primeiro dia das mães da Fê com a Nina. E eu não me sentia no direito de "estragar" esse momento, mesmo sabendo que as duas também estavam sentindo muita falta da minha mãe. Optamos por fazer uma viagem e nos isolamos da vida real. Foi um final de semana muito bom entre nós três e tenho certeza de que minha mãe ficou superfeliz com o modo como lidamos com a data. No dia 21, ela completaria setenta e três anos, e aquele dia foi uma porrada no meu estômago. Era o dia dela, e ela não estava mais ali. Aproveitei e fugi de novo, mas dessa vez para um estúdio de tatuagem, onde fiquei horas eternizando na pele o meu amor por ela.

Mas os dias seguiram e a dor não passava. Eu fazia tudo aquilo que me mandavam. "Tem que chorar", eu choro todos os dias. "Tem que fazer terapia", eu faço semanalmente. "Tem que continuar trabalhando", "Tem que fazer exercício"; tem, tem, tem, tem, tem, tem... Eu estava fazendo de tudo e a dor não passava! Um sábado, olhei para a Fernanda, desabei chorando e disse:

"Não sei mais o que fazer".
"Tem que ter um jeito", disse ela.
"A única coisa que ainda não fiz foi voltar para Porto Alegre. Talvez lá, perto de todos e das coisas dela, eu consiga melhorar um pouco".
"Então, vamos para lá".

Nos organizamos e, alguns dias depois, partimos para uma temporada de trinta dias na nossa cidade natal em busca de algo que **não sabíamos bem o que era.**

UM POUCO MAIS SOBRE A MINHA MÃE

QUANDO DESCOBRIMOS A GRAVIDEZ, ELA FICOU MUITO FELIZ E SE FEZ PRESENTE TODOS OS DIAS, MESMO DE LONGE. CERTA VEZ RECEBEMOS UMA CAIXA DE PRESENTES FEITOS A MÃO POR ELA. ERAM DIVERSOS BORDADOS, TOALHAS, PANINHOS, TUDO PERSONALIZADO E PARA OS DIFERENTES MOMENTOS NECESSÁRIOS. O MAIS LEGAL ERA QUE CADA PACOTE VEIO COM UM BILHETINHO, PRATICAMENTE UM MANUAL DE USO PARA PAIS DE PRIMEIRA VIAGEM.

SINTO MUITA FALTA DESSE TIPO DE CUIDADO DELA COM A GENTE.

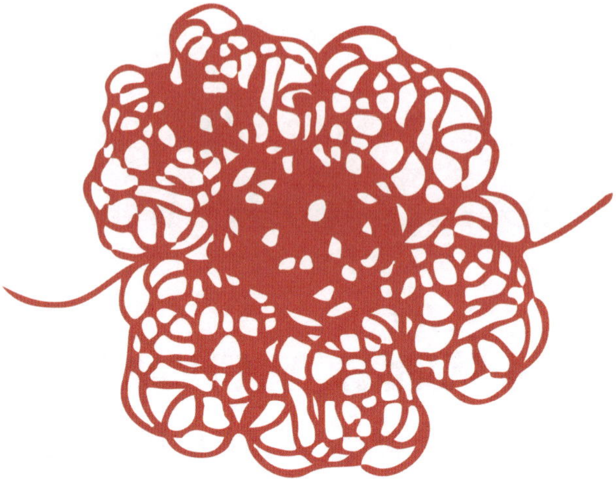

NÃO SEI MAIS O QUE FAZER, A DOR NÃO PASSA

DIA TREZE

NESSE DIA EU APRENDI QUE:

NÃO DEVEMOS TER VERGONHA DE PEDIR ACOLHIMENTO

Tivemos que organizar nossas rotinas profissionais e a da Nina para uma temporada tão longe de casa. Embora a gente mantenha uma casa em Porto Alegre, decidimos ficar na casa dos meus sogros – mesmo lugar onde passei os últimos momentos com minha mãe antes de ela ir para o hospital –, pois lá teríamos a ajuda deles. Quando o avião começou a descer em Porto Alegre, não consegui segurar as lágrimas, pois me dei conta de que seria a primeira vez que eu chegaria à cidade e ela não estaria lá. Racionalmente, eu já sabia disso, mas em algum lugar da minha cabeça (ou do coração), talvez, tivesse uma esperança de que ela estaria me esperando e que tudo isso era só um pesadelo.

Os dias na nossa cidade natal sempre são cheios de programações, amigos, encontros com quem a gente não consegue conviver, passeios a lugares que amamos. Mas dessa vez foi completamente diferente – foi melancólico, como o frio e a chuva que nos acompanharam em praticamente todas as quatro semanas na cidade. Nos primeiros dias, aproveitei para ficar muito com a minha família, o que me fez um bem danado. Visitei meu tio Ari com a Nina, tomei café com meus irmãos no meio da semana, almocei com meu pai várias vezes. Parecem coisas pequenas, mas quem mora longe sabe exatamente o valor disso tudo. Como meu terapeuta é de Porto Alegre, aproveitei para fazer as sessões presencialmente e ainda tive alguns bons encontros com amigos de infância que me deram o colo e o carinho de que eu precisava.

Mas como disse, a vida nunca é uma linha reta, os dias foram passando e eu comecei a me perguntar o que estava fazendo ali. ***Será que foi certo vir? Será que não devo encarar minha vida em São Paulo de frente? Aqui, tudo lembra ela e isso me deixa triste*** Fiquei muito confuso, mas respirei e segui o plano.

No início do livro, comentei por alto sobre um episódio de saúde que tive em 2002, mas não entrei em detalhes. Fui infectado por uma bactéria que se alojou no meu pulmão e me levou a ficar catorze dias na UTI, sendo oito dias entubado e em coma induzido. Foi um episódio muito marcante na nossa família e eu sempre fui imensamente grato por ter sobrevivido e por hoje levar uma vida normal, apesar das fibroses que tomaram meu pulmão. Durante a estada da minha mãe no mesmo hospital, também com um problema no pulmão e também intubada, eu me agarrava muito no meu milagre para acreditar que ela também teria a sua vida salva por outro milagre.

Eu sempre soube que meu pulmão não era "100%", então sou um paciente de risco para qualquer problema respiratório. No papel mais clássico de mãe, a minha sempre pedia para que, quando eu estivesse em Porto Alegre, consultasse o meu pneumologista. "Vai lá, é sempre bom ver se teu pulmão está bem". Dessa vez, eu acabei indo, e, após a consulta, sua indicação foi para que eu tomasse a vacina por comorbidade, devido ao meu quadro respiratório (que inclui asma). No mesmo dia, saí do consultório direto para o posto de saúde. Depois de algumas horas e de uma longa fila, eu chorei copiosamente ao chegar a minha vez. A enfermeira achou que eu estivesse passando mal e me ofereceu uma cadeira para sentar, mas eu apenas disse a ela: "Não deu tempo de chegar a vez dela, mas tenho certeza que ela está muito feliz de eu estar aqui". Eu estava vacinado.

Desde antes da minha chegada a Porto Alegre, a minha irmã estava indo diariamente ao posto de saúde tentar a sorte na xepa (as vacinas que sobram e não podem ser guardadas para o outro dia, são distribuídas por ordem de idade para quem estiver lá quando o posto encerra a vacinação). Depois que nós chegamos, a Fê começou a acompanhar a mana todos os dias na tentativa de se vacinar. Depois de uma semana indo diariamente, em uma terça-feira chuvosa e fria, as três foram vacinadas. Sim, são três, pois a Nina recebe os anticorpos pelo leite materno.

Naquela noite, finalmente entendi o que a gente tinha ido fazer em Porto Alegre. Fomos ficar fortes, nos salvar daquilo que tinha levado o meu grande amor embora. Logo me lembrei de uma frase que li em um caderno de anotações que havia encontrado na casa dela; dizia assim:

“Quando estou triste, eu volto para casa e fico lá até ficar muito forte, aí eu volto a sair”.

Porto Alegre sempre será a nossa casa. Depois disso, a gente estava forte para voltar a São Paulo.

UM POUCO MAIS SOBRE A MINHA MÃE

ESSA FOTO É DE QUANDO ELA NOS ACOMPANHOU NAS FÉRIAS DA FAMÍLIA DA FÊ. SEMPRE SE ENTURMANDO FÁCIL, ELA ENCONTROU NA FAMÍLIA RECH ORTIZ GRANDES AMIGOS, SEJA NOS ALMOÇOS DE DOMINGO, NAS VIAGENS POR AÍ OU NAS ARQUIBANCADAS TORCENDO PELO LÉO NOS ESTÁDIOS. ELA SEMPRE ESTAVA PRESENTE.

LEMBRA DA FRASE DELA "NÃO ME CONVIDA, QUE EU VOU"?

COPA AMÉRICA

DIA QUATORZE

NESSE DIA EU APRENDI QUE:

ACOLHER É PARA OS FORTES

A raiva sempre foi um sentimento que eu tentei evitar, mas nunca tive um desafio tão grande como agora, com a perda da minha mãe. Um dos dias que eu mais senti raiva na minha vida foi 31 de maio. Pois soube que a Copa América seria disputada no Brasil. O rápido apoio e a mobilização do governo me atingiram em cheio. Um país que lidou com a pandemia de forma desastrosa, quando viu uma oportunidade de fazer uma "média" com o povo, fez tudo com a agilidade que eu gostaria que tivesse tido pra comprar vacina. Não foram os jogos que me incomodaram, afinal de contas, o futebol vem acontecendo no Brasil (e precisa acontecer). O meu ponto sempre foi o de que a prioridade estava errada e, evidentemente, foi uma decisão politiqueira. Não era uma competição que agregaria em absolutamente nada, não éramos a sede original. Enfim, não tinha um motivo racional, apenas de interesses.

Nesse dia, deixei claro que era contra a realização da Copa América no Brasil e hoje sigo com a mesma posição. Ela não devia ter acontecido do jeito que foi.

No início dessa história, comentei que meu cunhado é jogador de futebol e mora próximo a São Paulo, lembra? Então, além disso, a Fernanda trabalha gerenciando a carreira dele desde 2017. Ou seja, além da ligação pessoal, ela também faz parte da carreira dele. Era uma sexta-feira, 25 de junho, e ainda estávamos em Porto Alegre quando o telefone dela tocou. Do outro lado da linha, a notícia mais incrível deste ano (e de toda a carreira dele – e dela): um jogador da Seleção havia se machucado e o Léo seria convocado no lugar dele para jogar a Copa América. O mesmo torneio a respeito do qual eu fui contra, por causa da maneira como ocorreria, agora era a realização de um sonho para a nossa família.

Explodimos de alegria, mal dormimos naquela noite. Naquele final de semana, quando foi anunciada a convocação, foi uma loucura, uma explosão de felicidade, orgulho, uma sensação indescritível! Mas desde o momento em que o telefone tocou, eu pensava: *Putz, mas eu sou contra esse torneio e agora estou aqui todo feliz.* Decidi que não iria falar nada, que apenas estaria ao lado da minha família nessa realização, iria curtir, apoiar a Fê, o Léo e viver esse sonho tão esperado por todos. O Brasil foi avançando e se classificou para a final contra a Argentina no Maracanã e alguns convidados (inclusive os familiares) receberam autorização do Governo e do Ministério da Saúde para comparecer ao jogo.

Novamente, pensei: *Eu sou contra e agora irei ao estádio?* Mesmo vacinado com as duas doses, mesmo com PCR negativo, mesmo que aquilo fosse autorizado pelas autoridades sanitárias, eu sabia que seria incoerente da minha parte ir e o fiz de forma consciente. Inclusive, fiz questão de mostrar que estava lá, pois o que seria falta de caráter seria ir "escondido". Daquela noite, vou me lembrar para sempre de duas cenas: a primeira delas foi a minha entrada com a Fê e a Nina no Maracanã, o maior templo do futebol mundial, para assistir a uma partida da Seleção Brasileira de que o Léo fazia parte. Era como um sonho.

Ao entrar no estádio, a Nina olhava e sorria muito para tudo aquilo que via. Eu não contive a emoção! Para um apaixonado por futebol, esse vai ser um momento que nunca mais vou esquecer.

Mas, alguns minutos depois, o vazio ensurdecedor do minuto de silêncio me levou às lágrimas mais uma vez. Senti que aquela homenagem, naquela Copa que não deveria acontecer, também era para ela.

Não carrego nenhum tipo de peso por ter feito isso, pois assim somos todos: incoerentes. A diferença é que alguns de nós vão passar a vida toda como os donos da verdade e estes devem ter se deliciado com a encruzilhada na qual me coloquei, mas faz parte do jogo. E aqui mora, para mim, o ponto mais importante dessa história: todos temos nossas incoerências, mas poucos as assumem.

Eu vou me lembrar para sempre dessa Copa América, que não deveria ter acontecido. Mas que, ao acontecer, trouxe uma das maiores alegrias que já senti. Assumir essa incoerência para você, ao contar tudo isso, é meu dever. Pois, acredito em um mundo mais acolhedor e transparente, preciso compartilhar o que penso e ter a ciência de que se posicionar é estar vulnerável. Assim estou.

A vida, definitivamente, não é uma linha reta.

APOSENTADA

UM POUCO MAIS SOBRE A MINHA MÃE

FORAM DÉCADAS DEDICADAS AO MAGISTÉRIO DO ESTADO
DO RIO GRANDE DO SUL E, DEPOIS, À PREFEITURA DE PORTO ALEGRE.
AO SE APOSENTAR, SURPREENDEU A TODOS QUANDO VIVEU
UMA VIDA DE VIAGENS, COSTURAS, TEMPO COM OS NETOS, PROGRAMAÇÕES
COM AS AMIGAS. SINTO QUE ELA VIVEU SEUS ÚLTIMOS ANOS
MUITO ALEGRE E FELIZ.

MAS AINDA TINHA MUITO O QUE APROVEITAR...

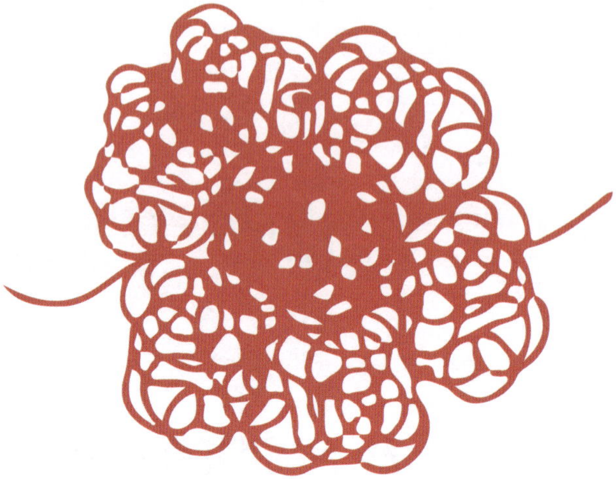

O LUTO ME VIROU DE CABEÇA PARA BAIXO

DIA QUINZE

NESSE DIA EU APRENDI QUE:

MESMO ACOLHIDO, VOCÊ É VULNERÁVEL

Sabe como eu me sinto? Desvirando. A morte da minha mãe me colocou de cabeça para baixo, tudo virou muito rápido. O luto é um processo lento, mas é um processo de movimento constante, e eu sinto que estou desvirando, ficando novamente de pé.

Contudo, estar parando de pé, novamente, não significa que estou bem, pelo contrário. Ficar de ponta-cabeça é desconfortável. Estou meio tonto, o sangue não está no lugar certo, meu corpo dá sinais.

Naquele 22 de março, tudo o que sou e o que eu carregava no meu bolso caiu no chão quando fiquei de cabeça para baixo. Chegou a hora de colocar as coisas de volta no bolso e é isso que tenho feito nas últimas semanas. A grande questão é que agora tem muita coisa que não faz mais sentido voltar para o meu bolso. O que antes tinha utilidade, talvez agora não tenha mais. O que fazia sentido estar ali, hoje não faz mais. E não é só o bolso, sinto que estou em outro lugar.

Em um papo com o Edgar, um grande amigo, ele me disse: "Tu não está perdido, tu está numa sala nova. Essa é a sala da vida adulta e agora não dá mais para sair dela. A paternidade e a morte da tua mãe foram as últimas travas da porta dessa sala. Agora tua vida é aqui". Essas palavras seguem ecoando na minha cabeça.

A chegada da Nina e a partida da minha mãe são os dois grandes acontecimentos da minha vida. Um a antítese do outro, mas andam lado a lado.

Nesse processo de digerir, entender e seguir em frente (tropeçando), eu aprendi a ouvir mais;

o que também foi uma sugestão do Edgar.

Chega um momento da vida em que a gente deve se sentar em algum lugar da sala nova e aprender. É exatamente como me sinto: aprendendo a ser pai e a superar a perda de um grande amor. Tem vezes que eu quero falar (e falo) nessa sala, mas não demora muito para eu compreender que ainda tenho muito a ouvir.

É parte do luto recolocar só as coisas que importam MESMO de volta no bolso. E assim que eu conseguir parar de pé, caminharei para buscar as novas coisas que fazem parte dessa nova vida, ou melhor, do meu novo bolso. O meu medo é que, se o bolso rasgar, não tenho mais a minha costureira preferida pra costurá-lo; então, é bom que eu preste bastante atenção no que estou carregando.

Eu ainda não estou bem, tenho plena consciência disso. Falei pra uma amiga, esses dias, uma frase que resume o que estou sentindo desde março: não é uma saudade para resolver em uma ligação ou um abraço, é uma saudade antecipada de saber que nunca mais vou poder ver a minha mãe. Saber que eu nunca mais vou poder deixá-la tranquila ao chegar de surpresa, como naquela nossa última noite e ficar mais um pouco ao seu lado fisicamente é algo que eu nunca vou compreender. Eu juro que estou tentando ficar bem (e tenho conseguido), mas a verdade mais verdadeira é que não tem como ficar bem como era antes.

Já diria Lulu Santos: "**Nada do que foi será**".

Mãe, a vida contigo foi **incrível.**

UM POUCO MAIS SOBRE A MINHA MÃE

ELA FOI UMA MÃE INCRÍVEL E, JUNTO AO MEU PAI, CRIOU TRÊS FILHOS QUE CARREGAM MUITO DO QUE ELES DOIS LUTARAM PARA NOS ENSINAR. ONDE QUER QUE ELA ESTEJA, EU TENHO CERTEZA DE QUE ESTÁ FALANDO DA GENTE, POIS ESTOU PARA CONHECER MÃE QUE TINHA MAIS ORGULHO DOS FILHOS QUE ELA.

ESTAMOS CHORANDO, MAS JUNTOS, COMO ELA NOS ENSINOU.

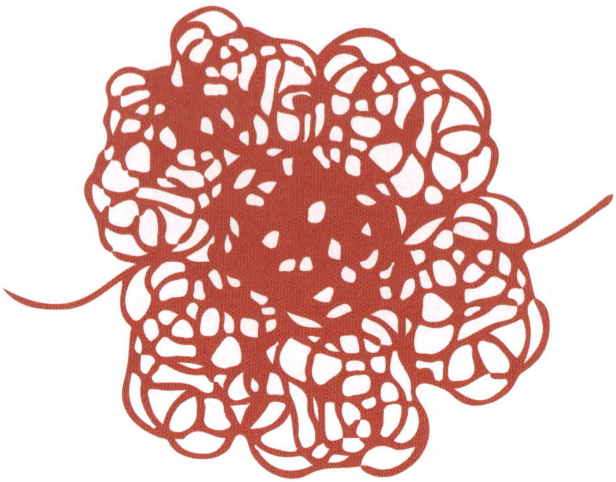

AMOR DE IRMÃOS

DIA DEZESSEIS

NESSE DIA EU APRENDI QUE:

O ACOLHIMENTO É INFINITO

Os 17 dias que se passaram entre o teste positivo e o falecimento da minha mãe foram apenas o início de muitas coisas na minha vida. Dentre elas, uma das que mais me surpreendeu foi a ressignificação da minha relação com os meus irmãos. Você pode estar pensando que ela era "ruim" ou fria e que, com a perda, acabamos nos unindo. Mas não é isso. Eu tenho o maior orgulho (e sempre digo isso) de afirmar que nós três sempre nos demos muito bem. Nunca tivemos uma só briga que fosse suficientemente forte para que eu me lembre. Desde o primeiro dia desse verdadeiro pesadelo, nós três fomos um só; mesmo que cada um tenha desempenhado um papel diferente. Em cada momento de dor, o abraço deles era distinto.

Não sei explicar em palavras, mas sinto que o amor de irmãos é o único capaz de reproduzir da forma mais semelhante possível o amor de mãe.

O Guga, meu irmão mais velho, e eu sempre fomos diferentes em muitos aspectos. Ele sempre foi do rock; eu, do pagode; ele, dos heróis em quadrinhos; eu, do futebol; ele sempre foi um cara calmo; eu, muito agitado. Mas todas essas diferenças nunca foram um problema, pelo contrário! Para mim, elas sempre foram uma oportunidade de aprender a ver o mundo com outros olhos. Fora o mesmo sangue, temos outras coisas em comum: nós dois somos profissionais da comunicação (e obviamente ele começou antes de mim), o que tem nos dado oportunidade de dividir paixões. Além disso, o meu processo de amadurecimento pessoal se inspira na racionalidade dele em levar a vida, e isso foi fundamental naquelas semanas no hospital. O Guga foi a calma que eu precisava, a paz que o momento merecia. Vê-lo desabar, sofrer, chorar e me dar a oportunidade de abraçá-lo e ser a paz dele por algum momento também foi muito importante para mim. Aqueles abraços entre nós dois, em março, ainda ecoam no meu peito. Mesmo que nunca tenha nos faltado amor, eu pude perceber que ainda temos muito mais a dar um para o outro.

A Caca (apelido de infância) se transformou na "mana" no decorrer da vida. Tudo que eu e o meu irmão temos de diferente eu e ela temos de iguais. Nossa relação é intensa, compartilhamos do mesmo gosto por reunir pessoas, adoramos os mesmos restaurantes, sempre fomos companheiros da nossa mãe nas viagens para visitar a família. Não bastasse tudo isso, veio dela um dos maiores presentes que eu poderia ganhar na vida: o meu cunhado Rodrigo. Esse cara cumpre até hoje um papel especial na minha jornada, tenho por ele um amor como se fosse um quarto irmão.

A mana teve uma oportunidade única e que só caberia a ela ter: nossa mãe morou, durante seu último ano de vida, por causa da pandemia, na casa dela. Não tinha lugar melhor para ela passar seus últimos meses. Sei que juntas (com o reforço de muito amor das minhas sobrinhas) elas viveram momentos únicos, e isso me arranca um sorriso do rosto. Eu sinto como se a mana reunisse o melhor de mim e do Guga nela e se dedicou a viver 2020 representando todo o nosso amor com a mãe. Isso só ela teria a capacidade e o coração para fazer.

Nós três nunca mais seremos os mesmos, depois de tudo que vivemos em março de 2021; mas toda essa dor que sentimos vem contrastando com todo o amor extra que descobrimos. Fico me perguntando se a nossa mãe sabia de tudo isso. Eu acho que sim, pois as mães sempre sabem das coisas

e elas são tão sábias que nos deixam descobrir isso sozinhos nos momentos em que mais precisamos.

UM POUCO MAIS SOBRE A MINHA MÃE

SE TEM UMA COISA QUE ME TRAZ PAZ É PENSAR
EM COMO APROVEITEI ESTES 39 ANOS AO LADO DELA.
VIVI DE FORMA INTENSA E COM MUITA PARCERIA COM A MINHA MÃE.
FIZEMOS MUITA COISA JUNTOS, E SOU GRATO POR TER CONVIVIDO
TANTO TEMPO COM ALGUÉM TÃO INCRÍVEL,
MAS CONFESSO QUE EU QUERIA MAIS.

ELA FOI O GRANDE AMOR DA MINHA VIDA.

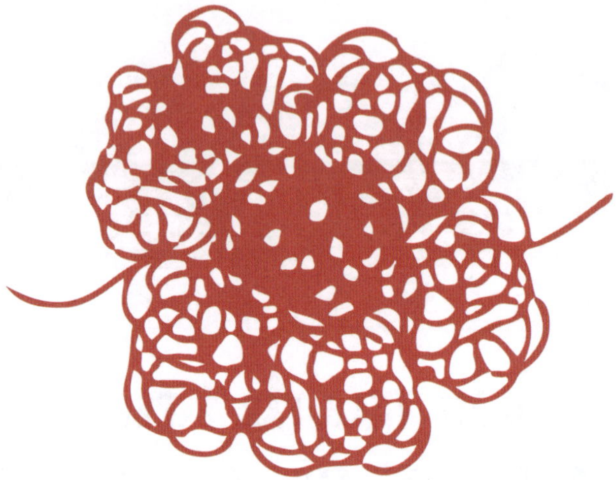

COMO VAI ESSA VIDA BOA?

DIA DEZESSETE

NESSE DIA EU APRENDI QUE:

A VIDA SÓ PODE SER BOA COM ACOLHIMENTO

"Como vai essa vida boa?" Essa era a frase preferida da minha mãe. Toda vez que ela encontrava alguém, fazia essa singela questão. Eu tenho pensado muito nela durante o meu processo de luto.

O luto é um processo individual, mesmo que você esteja rodeado de amor. O luto não é um processo linear e se manifesta de diferentes formas, em diferentes dias. Eu não sei muito bem quanto tempo vai durar, não estou com pressa, mas chego a pensar que essa melancolia que insiste em pairar nunca vai passar. Mas, na verdade, esse doloroso processo precisa ser vivido com intensidade; as lágrimas e o aperto no peito fazem parte do processo de "cura".

Ser vítima e se vitimizar são coisas completamente diferentes.

Tenho muito claro em minha mente que a partida da Alice faz parte de uma sucessão de erros em nosso modo de lidar com a pandemia desde março de 2020. Eu perdi minha parceira de vida, mas ninguém vai me tirar tudo que vivemos juntos. Eu vou me lembrar de cada coisa que fizemos, das nossas conversas, dos conselhos e das broncas dela (sempre construtivas). Eu perdi minha amigona, mas nada vai me tirar o que ela me ensinou e isso eu vou passar pra Nina nos mínimos detalhes. Eu perdi minha mãe, perdi meu chão, mas nunca vou perder a vontade de viver a vida boa, exatamente como ela viveu em seus setenta e dois anos.

Eu nunca tive dúvida de tudo que ela representa na minha vida, mas confesso que esse adeus inesperado potencializou muito tudo que eu sinto. Ao entrar no apartamento dela, descobri muitas coisas e o que parecia impossível aconteceu: vi um "outro lado" da minha mãe que me encheu ainda mais de orgulho da grande mulher que ela foi. Mais do que isso, pude ter a certeza do quanto ela estava feliz e realizada, do quanto tinha chegado àquela idade fazendo tudo que tinha vontade! Ah, mãe, que alegria saber disso e que tristeza pensar no quanto tu ainda podia aproveitar.

Imagino que ela esteja muito orgulhosa de saber que a nossa família está exatamente do jeito que ela nos ensinou: unida no pior momento. Confesso que estava muito desesperado por não a ter aqui nesse caos todo. Afinal de contas, ela sempre foi o nosso centro de equilíbrio, mas acho que nos saímos bem mesmo com toda dor. Penso nela todos os dias, a sinto comigo todos os dias, meu coração dói todos os dias, mas não consigo parar de pensar no quanto a chegada da Nina, meses antes da sua partida, foi um jeito de Deus me manter sorrindo. Sim, mãe, eu sigo sorrindo, sigo em frente buscando colocar em prática o modo de aproveitar a vida que tu me ensinou.

Minha mãe dizia sempre: "O Gui é um anjo que Deus mandou para mim" e eu sempre acreditei. Mas agora, aos trinta e nove anos, eu me dei conta de que é exatamente o contrário. Ela é meu anjo, por isso tatuei no peito a frase correta:

"Mãe, tu virou o anjo que Deus mandou pra mim".

É por isso que por ela, pela Nina e pela minha família eu preciso seguir em frente, mesmo que

a vida não seja uma linha reta.

Mãe,
tu virou o anjo que
Deus mandou pra mim.

FIQUEI COM VONTADE DE TE CONTAR

ELA ADORAVA DANÇAR! EM FESTAS, CHURRASCOS, EM CASA, ESTAVA SEMPRE ANIMADA.

ESSA ERA A TURMA DE AMIGAS PROFESSORAS, ASDOBAR. SEMPRE FAZIAM ENCONTROS EM BARES DA CIDADE.

MAIS ALGUMAS COISAS SOBRE A MINHA MÃE

UM DIA, ELA FOI PARA BRASÍLIA E DISSE: "CONHEÇO TANTAS CAPITAIS... PRECISO CONHECER A NOSSA".

ELA ERA MUITO PRESENTE PARA TODA A FAMÍLIA, VIVIA VISITANDO OS PARENTES, NÉ, GRINGA?

TER CONHECIDO BERWANG, NA ÁUSTRIA, DE ONDE VEIO A NOSSA FAMÍLIA, FOI UM DOS MAIORES PRAZERES DELA.

ELA CULTIVAVA AMIZADES COM MUITO AMOR. A LIA E A JANE REPRESENTAM TODAS AS AMIGAS QUE AMAVA.

ELA SEMPRE FOI UMA LEITORA.
NOS ÚLTIMOS ANOS, ANDAVA COM
SEU KINDLE PARA
TODOS OS LADOS, SEMPRE LENDO.

ADORAVA ESTAR NA ÁGUA (NUNCA
FRIA). NÃO PODIA TER UMA
OPORTUNIDADE QUE JÁ COLOCAVA
SEU MAIÔ E MERGULHAVA.

REGISTRO DO SEU ÚLTIMO ANIVERSÁRIO, EM 21 DE MAIO DE 2020, NO INÍCIO DA PANDEMIA.